本书获北京语言大学语言资源高精尖创新中心项目“海
（KYR17001）、“暨南大学高水平大学建设经费”、“中
费专项资金”支持

语言计算与智能汉语教学

第七卷

商务汉语
分类分级词语表

刘　华 / 著

外语教学与研究出版社
北京

图书在版编目（CIP）数据

商务汉语分类分级词语表 / 刘华著. -- 北京 ：外语教学与研究出版社，2021.7
（语言计算与智能汉语教学 ；第七卷）
ISBN 978-7-5213-2824-0

Ⅰ. ①商… Ⅱ. ①刘… Ⅲ. ①商务－汉语－词汇－对外汉语教学－教学参考资料 Ⅳ. ①H195.4

中国版本图书馆 CIP 数据核字（2021）第 144165 号

出 版 人　徐建忠
项目负责　王晓玮
责任编辑　杨　益
责任校对　王晓玮
装帧设计　姚　军
出版发行　外语教学与研究出版社
社　　址　北京市西三环北路 19 号（100089）
网　　址　http://www.fltrp.com
印　　刷　北京捷迅佳彩印刷有限公司
开　　本　720×980　1/16
印　　张　18.5
版　　次　2021 年 7 月第 1 版　2021 年 7 月第 1 次印刷
书　　号　ISBN 978-7-5213-2824-0
定　　价　69.00 元

购书咨询：（010）88819926　电子邮箱：club@fltrp.com
外研书店：https://waiyants.tmall.com
凡印刷、装订质量问题，请联系我社印制部
联系电话：（010）61207896　电子邮箱：zhijian@fltrp.com
凡侵权、盗版书籍线索，请联系我社法律事务部
举报电话：（010）88817519　电子邮箱：banquan@fltrp.com
物料号：328240001

记载人类文明
沟通世界文化
www.fltrp.com

序

一、缘起

目前计算机辅助汉语教学主要集中在现代教育技术、多媒体和网络远程技术的应用上，这些都只是环境、工具等形式上的辅助。真正的智能汉语教学应该是基于语言内容计算的，特别是与汉语信息处理技术密切相关，涉及语料库语言学、句法语义分析、统计语言模型、数据挖掘等领域，主要集中在汉语教学资源的智能开发与利用上，如基于大规模语料库，自动获取词语搭配、计算词语常用度与例句难易度、文本自动分级、智能测试等。

基于语言计算的智能汉语教学研究将为自动化教材编写与学习词典编撰、数字化汉语教学资源建设、智能备课、汉语移动学习等提供重大帮助。

基于大规模汉语教学语料库，针对汉语教学中的听说读写四项基本技能，我们在智能化的影视汉语教学、专门用途汉语教学、多媒体口语常用会话资源建设、阅读分级、作文自动评测以及分级分类常用词表、词汇等级大纲与领域词表建设、汉语移动学习方面，进行了一些创新性的探索[1]。

在此基础上，我们将近年来利用语料库和计算语言学方法进行的汉语教学研究方面的理论思考、资源建设和智能教学方法上的探索，凝练成文，以“语言计算与智能汉语教学”为题，形成了这套多卷本图书。

二、内容介绍

本套书共包括6本理论研究著作和3本汉语教学常用词表。

6本理论研究著作都是基于语料库和语言计算方法的面向智能汉语教学的理论、方法方面的研究成果。

3本汉语教学常用词表则是基于上述理论著作中的语料库和语言计算方法构建

---

1 详见：www.languagetech.cn

的与商务汉语教学、华语教学、汉语口语教学理论相配套的分类分级的教学资源。

每本书的具体内容简介如下：[2]

（一）《语料库语言学——理论、工具与案例》

该书主要介绍了语料库、语料库语言学的基本概念，语料库建设的原则与方法，语料库加工标注的基本内容，以及该书语料统计所涉及的基本术语与方法。

“汉语助研”[3]是一个综合了语料库建设、检索和统计功能的辅助汉语研究的软件系统，集成了基于语料库方法的汉语字、词、句、篇研究的各项辅助功能。这一系统能很好地满足汉语研究各方面的统计需求，各项功能具有较强的针对性和实用性。

该书主要以“汉语助研”系统的功能说明为例，介绍了语料库各方面的工具应用。同时，提供了各主要功能模块在具体的语言学研究中的使用案例。

大数据+统计+软件，让语言研究更轻松。

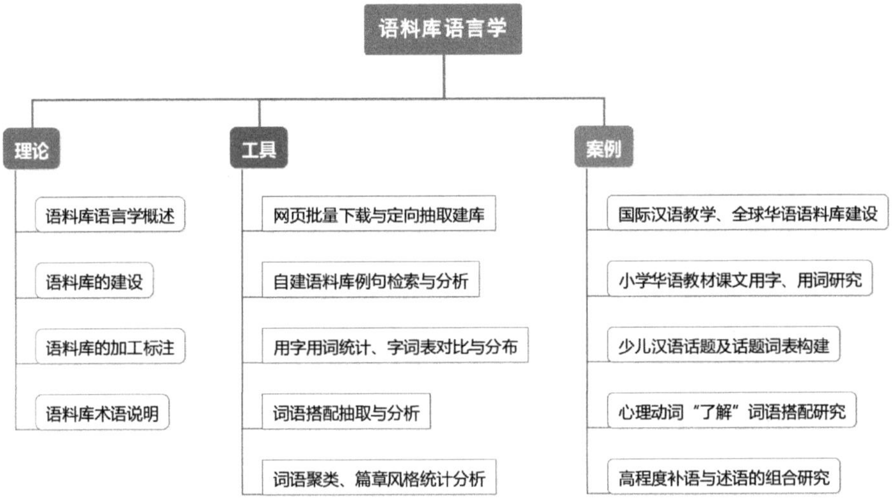

图1《语料库语言学——理论、工具与案例》章节结构

---

2 本套书将分几年先后成书出版，因此，此序言中各书的内容简介和章节结构图只是大致规划，各书最终的内容和章节结构可能与此有出入，下同。

3 下载网址：www.languagetech.cn

（二）《商务汉语分类分级常用词常用句研究》

该书立足于交际功能，基于商务汉语语料库，以交际图式、心理词库理论为指导，运用计算语言学方法，自上而下地将功能项目、会话、常用句和话题词表等商务汉语的交际因素结合起来，构建了商务汉语教学用功能项目分类的词语表、词汇等级大纲，以及常用句、构式、会话的分类分级资源库，以辅助商务汉语教学。

该书的研究方法可扩展到旅游汉语、中医汉语、电子商务汉语等分领域、分用途的专门用途汉语教学研究中。

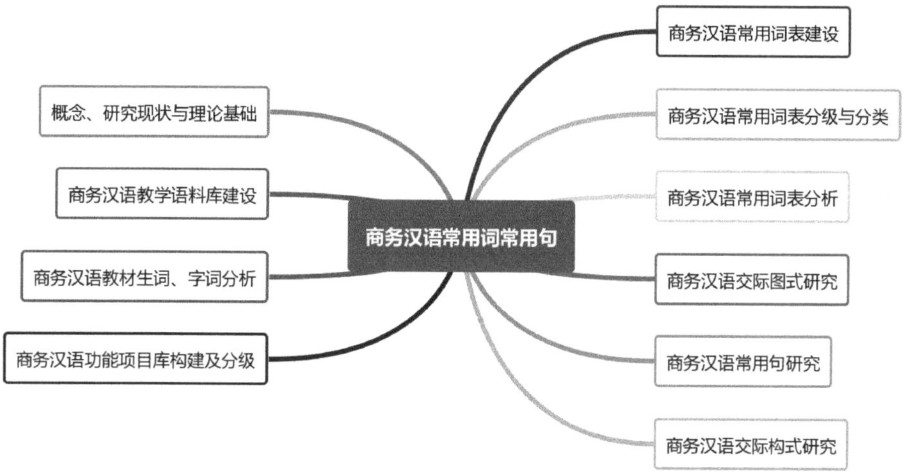

图 2《商务汉语分类分级常用词常用句研究》章节结构

（三）《华语教育用分类分级词表研究》

华语教育用词表的研制应该从华语作为第一语言（或近似第一语言）教学的特性出发，以交际功能为基础，以语文百科为主体，并参照中国中小学生的语文能力标准，兼顾东南亚地区的文化、地域特色词语。

方法上，该书创新了词语分级和词表建设的方法，构建了词汇时空分布模型，基于母语者、华语学习者书面语和口语语料库，计算词语常用度，构建了“华语作为第一语言教学的常用分级词表”“少儿华语教学主题分类词表”以及《华语词汇等级大纲》。

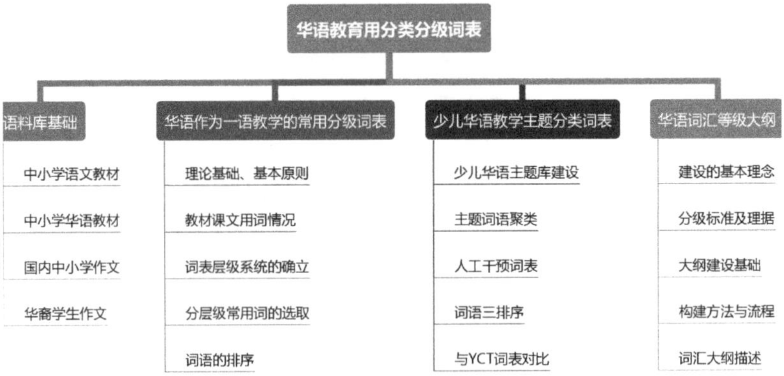

图 3《华语教育用分类分级词表研究》章节结构

（四）《汉语口语教学用话题分类分级常用词句式篇研究》

影视字幕是连续的对话流口语文本，是基于各个交际场景的话题的集合，影视频又是多媒体的、有趣的视听资源，非常适合用于多媒体汉语口语教学。

基于影视字幕资源、语言教学的"最简方案"和经济原则，我们结合"话题—交际图式—常用会话—常用句—交际构式—常用词"，构建了汉语口语教学最必需、最常用的，按话题分类、难度分级的会话、句子和词语资源。

该书重点探讨了影视汉语教学、话题教学、影视话题自动分割与分级方法，常用句、交际构式抽取与分级方法，以及词语聚类与分级的方法。

该书对于专门用途汉语教学、话题词表、词汇等级大纲建设有较大参考价值。

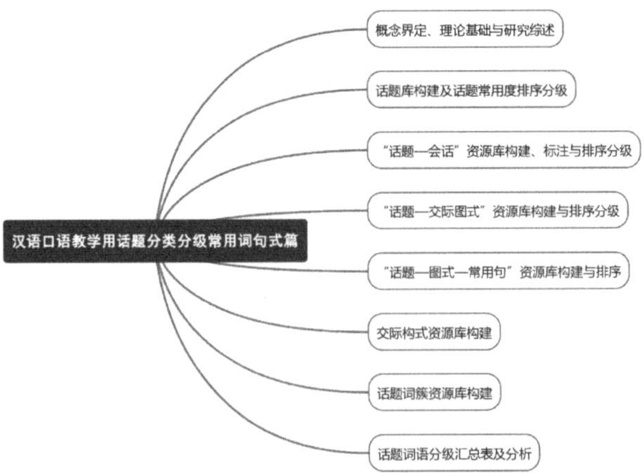

图 4《汉语口语教学用话题分类分级常用词句式篇研究》章节结构

（五）《汉语文本易读性分级及作文自动评测研究》

该书研究了影响文本易读性的主客观方面的多种因素，提出了基于内容的文本易读性计算、阅读自动分级、文本指难的整体解决方案。

在作文评测方面，与英语相比，汉语缺乏结构和形态标记，意合性、隐喻性更强，句子表层缺少可计算的语法规律形态和标记。因此，中文文本内容的深层分析和评测更难也更重要。目前，内容批改尚处于字词句的形式统计层面，较少触及作文的真正内容核心。该书在语法查错、语言艺术风格、主题内容、篇章结构计算方面做了一些初步探索。

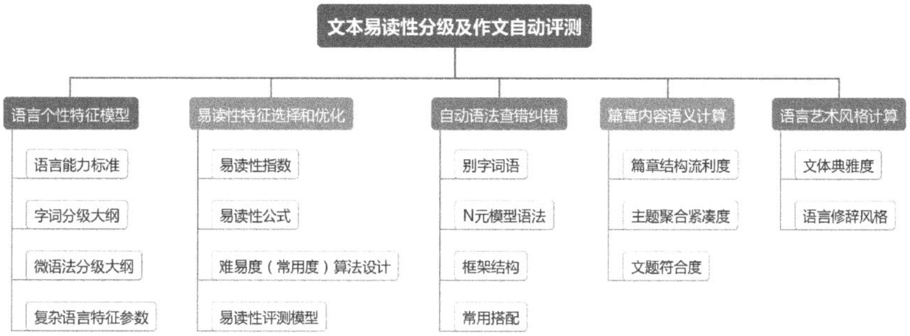

图5《汉语文本易读性分级及作文自动评测研究》章节结构

（六）《汉语移动学习的理论与方法》

该书描写了汉语移动学习的生态、需求，基于汉语教学、移动学习特点，构建了汉语移动学习的三大理论体系；立足于内容计算的词汇时空分布模型与文本分类方法，研制了《汉语口语词汇等级大纲》和话题识别模型，从而构建“等级—水平”话题化、个性化、双向自适应的汉语移动学习模型；最后，基于智能教育、移动学习理念，利用影视短视频，设计了各种类型的APP系统方案。

图6《汉语移动学习的理论与方法》章节结构

（七）《商务汉语分类分级词语表》

包括“商务汉语功能项目分类分级常用词语表”（新BCT词表）和《商务汉语词汇等级大纲》。

“商务汉语功能项目分类分级常用词语表”按照120个商务功能项目，列出各功能项目的常用词语，词语同时配上了拼音、英语注释和在《商务汉语词汇等级大纲》中的等级。

业务类—谈判—代理

地区	dìqū	region	1
市场	shìchǎng	market	1
合作	hézuò	cooperate	2
签订	qiāndìng	conclude and sign	2
推销	tuīxiāo	promote sales	2
证书	zhèngshū	certificate	2
指定	zhǐdìng	appoint	2
厂商	chǎngshāng	manufacturer	3
承担	chéngdān	bear	3
代理	dàilǐ	act for	3
代理人	dàilǐrén	agent	3
独家	dújiā	sole	3

图7“商务汉语功能项目分类分级常用词语表”示例

《商务汉语词汇等级大纲》包括四个级别，共4515个词条。一级（初级）共497个词条，二级（中级一）共1121个词条，三级（中级二）共1232个词条，四级（高级）共1665个词条。

（八）《华语教育用分类分级词语表》

包括“少儿华语教学主题分类词表”和《华语词汇等级大纲》。

“少儿华语教学主题分类词表”按照59个二级主题，列出各主题的常用词语，共3735个词条，词语同时配上了拼音、英语注释和在《华语词汇等级大纲》中的等级。

个人信息—职业

大夫	dàifu	doctor	1
老师	lǎoshī	teacher	1
学生	xuéshēng	student	1
医生	yīshēng	doctor	1
工作	gōngzuò	work	2
教师	jiàoshī	teacher	2
警察	jǐngchá	police	2

图 8“少儿华语教学主题分类词表”示例

《华语词汇等级大纲》分为6个级别，共15,560个词条。

表 1《华语词汇等级大纲》各级词条数

级别	一级	二级	三级	四级	五级	六级	汇总
词条数	548	1396	2802	3893	4305	2616	15,560

（九）《汉语口语分类分级词语表》

包括“汉语口语话题分类分级词语表”和《汉语口语词汇等级大纲》。

“汉语口语话题分类分级词语表”按照7个一级话题、42个二级子话题，列出各话题的常用词语，共2382个词条。词语同时配上了拼音、英语注释和在《汉语口语词汇等级大纲》中的等级。

日常生活—银行

笔	bǐ	[for sums of money, financial accounts, etc]	1
存	cún	deposit	1
多少	duōshao	how much, how many	1
号	hào	number	1
块	kuài	[for silver dollars or paper money]	1
名	míng	name	1
钱	qián	money	1
取	qǔ	take, draw	1
元	yuán	*yuan*	1
护照	hùzhào	passport	2
换	huàn	change	2

图 9 “汉语口语话题分类分级词语表”示例

《汉语口语词汇等级大纲》分为6级，共4461个词条。

表 2《汉语口语词汇等级大纲》各级词条数

级别	一级	二级	三级	四级	五级	六级	汇总
词条数	513	938	1200	920	641	249	4461

三、致谢

本套书能够顺利出版，要特别感谢我的学生们。他们为这套书提供了很多素材，有的参与了本套书的校对工作。他们是：

陈珏铭、陈绮琪、党瑞霞、方沁、郭婷婷、何婷、黄荣、黄少如、雷霄、黎景光、黎勇权、李洁、李晓源、梁姗姗、林春晓、刘金凤、陆佳幸、吕荣兰、王敏、叶婉君、于珊、于艳群、俞雪玲、郑婷、周妮

感谢外语教学与研究出版社以鞠慧老师、向凤菲老师、杨益老师为代表的强大能干的编辑团队。本套书内容文理交叉、数据庞杂，编辑校对难度较高，工作量很大，编辑老师们为此付出了很多时间和精力。

刘华

2021年6月于暨南大学

目 录

词表建设说明[1]

词表建设流程包括五个步骤：

（1）建设商务汉语语料库及教材生词表；

（2）构建商务汉语功能项目库并分级；

（3）探讨新BCT词表建设的需求；

（4）利用词语聚类构建新BCT词表；

（5）新BCT词表分级。

一、商务汉语语料库及生词表建设

（一）商务汉语语料库建设

语料库包括：

（1）22套、44册常用商务汉语教材，涉及初、中、高各个等级，以及商务汉语听、说、读、写等各项技能。

（2）部分英语学习网站中的商务英汉情景会话，公文网中简短易懂的商贸类公文内容以及财经新闻网语料。

（3）商业题材影视字幕中的商务会话片段。

（二）商务汉语教材生词表建设

商务汉语教材生词表指的是将44本教材所有课文的生词汇总后形成的词语表，共12,872个词条。最高频次22（出现在22本教材生词表中），平均频次2.16，3次及3次以上的词条共2985个（以下称为“核心生词表”）。

1 刘华，2018. 商务汉语常用词语表的重构与等级划分[J]. 华文教学与研究 (01):35-48.

二、商务汉语功能项目库构建

“功能库”的基础是《商务汉语考试大纲》[2]中的“商务汉语交际功能项目”。我们结合商务汉语教材的具体情况，进行了归纳、修改、增删。同时，结合功能项目的常用程度和难易度进行人工分级。最终构建了一个含24个功能项目、120个子功能项目的分级的商务汉语功能项目库。

从一、二、三级的具体功能项目内容来看，一级子功能项目主要是解决最基本、最常用的日常生活交际任务；二级子功能项目兼顾了更广泛、更复杂的日常生活交际任务和比较常用的商务活动能力；三级子功能项目则是为了解决复杂、专业商务任务的功能项目。总体上，子功能项目的分级体现了“基本日常生活→广泛日常生活+日常商务活动→专业商务活动”这种由易到难、由通用到专业的规律，如表1所示。

表1 排序分级后的商务汉语功能库

类别	功能项目	子功能项目（数字为教材频次）
生活类	出行40	一级：旅游12；乘（火车、飞机、轮船、出租车、公共汽车）10；问路、指路、看地图、理解公共场所的标志4；订票4；咨询、求助3；天气3 二级：介绍公司位置3；费用报销1
	社交31	一级：约见、拜访7；送行6；接风5；邀请及致谢4 二级：庆典、聚会3；道贺及祝愿3；道歉及拒绝3
	购物29	一级：问价、讲价11；交款方式及办理优惠卡9 二级：商品的质量及售后服务5；促销活动（广告）4
	住宿27	一级：订房间10；旅客登记、退房6；酒店服务4 二级：租房、购房5；酒店简介2
	饮食16	一级：点菜、介绍、订餐、买单8 二级：宴请及“餐桌”文化5；干杯、祝酒词3
	文化16	二级：礼节、习俗12；商业道德4
	签证6	一级：办手续4 二级：咨询、说明业务2

2 中国国家汉语国际推广领导小组办公室，北京大学商务汉语考试研发办公室，2006.商务汉语考试大纲[M]. 北京：北京大学出版社.

（续表）

类别	功能项目	子功能项目（数字为教材频次）
业务类	谈判111	二级：品种、数量、包装13；价格11；支付方式11；成交10；代理9；运输9；产品介绍6；交货5；折扣1；佣金1 三级：申诉、仲裁、索赔12；询盘、报盘、还盘8；保险（投保、索赔、理赔）7；谈判策略8；包销0
	考察61	二级：了解公司情况14；了解产品、产品前景分析及市场调查13；会展10；参观9 三级：地域经济、文化15
	联系40	一级：电话应答8；邮寄、特快专递2；留言1 二级：会议及日程安排12；电子邮件、便条、商业信函、传真9；报告8
	银行39	二级：咨询9；开户、存取款7；货币兑换6；汇款、转账1 三级：贷款5；金融政策5；信用证及资信证明3；理财3
	营销38	二级：广告11；商品介绍、推销6 三级：策略10；市场调查6；招标、投标5；拍卖0
	会见28	一级：介绍10；欢迎6；寒暄、赞美4 二级：了解情况8
	签约25	三级：磋商7；审核6；签字5；合同履行5；修改2
	投资20	三级：股市10；风险投资6；汇市3；期货1；国债0
	招聘9	二级：招聘启事5；面试4
	海关8	三级：申报5；查验3
	待遇7	二级：工资、奖金3；休假3；请假1
	争议7	三级：协商、调解3；仲裁3；诉讼1
	工商税务6	三级：登记3；税收3；年检0；财务审计0
	评估5	二级：辞职2 三级：评估、培训及考核3；述职0
	应聘4	二级：自我介绍2；简历2
	商检3	三级：检验2；鉴定1
	其他95	三级：商贸政策、商业法律16；跨国经营11；资本运作11；战略咨询10；电子商务9；知识产权9；世界贸易组织7；倾销与反倾销6；经济特区5；合资经营5；环境3；创业2；企业并购1；公关0

三、新BCT词表建设的需求分析

根据对所收集教材生词表等语料库语料分析，对照商务汉语功能项目库，我们发现为适合实际商务汉语教学需求，构建分类分等级的商务汉语词表（以下称“新商务汉语词表”）有其实用意义。

（一）生活词表——日常交际需求

这部分词语应该从初级学习者需求出发，满足初、中级学生的日常生活交际需要，构建时主要基于口语会话语料，例如教材会话、网站情景会话、影视字幕。

（二）业务词表——商贸实务需求

这部分词语主要是满足中、高级学习者的商贸实务的功能需要，构建时主要基于书面语语料，例如教材文本、公文范文、财经新闻等。

四、新BCT词表构建方法与流程

（一）语料库按功能项目分类

将上文收集到的商务汉语语料按照120个功能项目分类编排。

（二）分功能项目的词语聚类[3]

对于120个功能项目，利用词语聚类方法聚类出120个功能项目的词语表。例如，“生活—签证—办手续”功能项目的词语聚类结果如下：

申请、证件、具体、办理、原件、申请表、领取、签证、费用、单位、要求、填写、出国、资料、递交、本人、护照、表格、出入境管理、办证、回执、复印件、照片、申请人、携带、接待、通行证、身份证复印件、受理、证明、提交、大厅、往来港澳、所在地、户口簿、照片、时限、交费、购买、网上申请、居民身份证、查看、选择、提供、工作单位、姓名、复印、户口、邮政速递、快

3 刘华，2010.词语计算与应用[M].广州：暨南大学出版社.

递、公安局、审核、有效期、大使馆、个人资料、面谈、打印、确认、公章、负责人、申请费、审查、登记表、往返机票、取证、临时、户籍、核对、流程、出示、邀请信、通知、预约、订单、收据、境外、程序、旅游签证、缴费、发票、代领

（三）词表专家控制和词语补充

1. 词表专家控制

对于每一聚类词表，人工删除一些不符合构词规范、日常常用、功能项目代表性不强的词语。例如，上页词表中，“出入境管理、身份证复印件、个人资料、往来港澳、邮政速递”，可拆分为其他词语，并且词表中已经包含这些词语，故删除；“具体、要求、临时、选择”是常用词语，删除；“单位、提供、接待、购买、负责人、流程、程序、领取、大厅、查看、打印、复印、出示”等词语，在其他功能项目中更具代表性，因此，将其保留在其他功能项目词表中，本表中删除。

同时，综合专家建议，删除了“发票、订单、取证”，增加了“出入境、工作签证、签、邮递”等词语。

2. 词语补充

利用“词语聚类在线检索”对词表进行补充[4]。可采用的有“免签、拒签、存款证明、入境、驻华使馆”。

最终得到“签证—办手续”的词表为：

申请、证件、办理、原件、申请表、签证、费用、填写、出国、资料、递交、本人、护照、表格、办证、回执、复印件、照片、申请人、携带、通行证、受理、证明、提交、所在地、户口簿、照片、交费、网上申请、居民身份证、户口、快递、公安局、审核、有效期、大使馆、确认、公章、申请费、审查、登记表、往返机票、户籍、核对、邀请信、通知、预约、收据、境外、旅游签证、缴费、代领、出入境、工作签证、签、邮递、免签、拒签、存款证明、入境、驻华使馆

4 http://www.languagetech.cn/nlp/word/word_demo.aspx; 刘华，2010.词语计算与应用[M].广州：暨南大学出版社.

3. 各子功能项目词表合成

将“生活类”子功能项目的31个词表合在一起，去重后得到1101个词条（下称为“新BCT生活词表”），降序排列，3次及3次以上的词语共50个，例如：

顾客（6）[5]、办理（5）、提供、便宜（4）、护照、服务员、填写、合作、安排、检查、请客、发票

将“业务类”子功能项目的89个词表合在一起，去重后得到2452个词条，减去“生活类”词表已有的词条后，共1901个词条（下称为“新BCT业务词表”）。降序排列，4次及以上的词语共73个，例如：

项目（10）、市场（9）、风险（8）、资金、调查、制度（7）、检验、权利、谈判、交易、委托、结算、制定、报告

“生活类”和“业务类”各功能项目词表合计为3002个词条，降序排列，4次及4次以上的词语共102个，例如：

投资（16）、办理（15）、协议（14）、提供（13）、规定、申请（12）、合作（10）、项目、经营、价格

（四）词表对比及词语添加

1. 新BCT词表和BCT词表[6]对比，添加词语

将BCT生活词表和新BCT生活词表进行对比，二者共用词语185个，占新BCT生活词表的16.8%，新BCT生活词表独用词语共916个，BCT生活词表的独用词语共850个。

将BCT业务词表和新BCT业务词表进行对比，二者共用词语570个，占新BCT业务词表的29.98%，新BCT业务词表独用词语共1331个，BCT业务词表的独用词语共852个。

参考上文的分类分级的功能项目库，专家对BCT生活词表的独用词语进行筛选，共选出299个词语加入新BCT生活词表，如“公务舱、柜台、服务台”，选出324个词语加入新BCT业务词表，如“港口、海运、库房”。

---

5 指在6个子功能项目中出现。

6《商务汉语考试大纲》的“商务汉语常用词表”（下称为“BCT 词表”）中的“表一”收入与商务有关的生活、社交、工作类词语 1035 个（下称为“BCT 生活词表”），“表二”收入商务活动的常用业务类词语 1422 个（下称为“BCT 业务词表”）。

这时的新BCT生活词表共1400个词条，新BCT业务词表共2225个词条，合计3625个词条。

专家对BCT业务词表的独用词语进行筛选，选出11个词语加入新BCT生活词表，例如“大路货、共计、冒牌”等，选出817个词语加入新BCT业务词表类，例如“总裁、份额、壁垒”等。

这时的新BCT生活词表共1411个词条，新BCT业务词表共3042个词条，合计4453个词条。

2. 新BCT词表和核心生词表对比，添加词语

将更新后的新BCT词表和教材核心生词表进行对比，二者共用词语共1517个，占新BCT词表的34.07%，新BCT词表独用词语共2936个，核心生词表独用词语共1468个。

利用上面的方法，将核心生词表中19个频次大于9的独用生词加入新BCT生活词表；同时在频次小于10的独用生词中，选出56个词语加入新BCT生活词表，如“节省、特价、租”等，选出101个词语加入新BCT业务词表类，如“装箱单、大宗、资质”等。

这时的新BCT生活词表共1486个词条，新BCT业务词表共3143个词条，合计为4629个词条。

3. 对新BCT词表进行最后一轮的人工过滤

最后，专家对词表再次进行人工过滤，删掉了114个词条：

（1）过时的或者政治色彩比较强的词语，例如“政治体制改革、社会主义市场经济、人民法院”，词表中已有“体制改革、市场经济、法院”。

（2）组合后望文知意的短语，例如“禁止吸烟、租船、圆满成功、扩大生产”，不包括词语缩略后的组合或是组合后不容易望文知意的短语，如“退市、网购、险别”。

（3）不常用的、已有更常用替换词的，例如“鸡蛋汤、纽约证交所”，词表中已有“蛋汤、纽交所”。

（4）地名等专有名词，例如“厦门、深圳、珠海”。

最终的新BCT生活词表共1451个词条，新BCT业务词表共3064个词条，合计为4515个词条。

五、新BCT词表分级与分类

（一）新BCT词表分级原理

1. 商务汉语和通用汉语的相似、重叠规律

商务汉语和通用汉语存在等级层次上的相似和重叠，商务汉语词表中通用汉语的生活词语也应占一定比例，等级越高，生活词语越少，商务词语越多。通用汉语的词汇等级划分标准[7]（以下称为“词汇等级”）可以作为商务汉语词汇等级划分的一个反照参考标准。

2. 新BCT词表等级与《商务汉语考试等级标准》、功能项目库、“词汇等级”的对应关系

《商务汉语考试等级标准》是商务汉语教学和考试的指导性标准，可以作为商务汉语词汇等级划分的参考。

商务汉语功能项目库依据“基本日常生活→广泛日常生活+日常商务活动→专业商务活动”划分为一、二、三级，可以此辅助商务汉语词汇分级。

我们认为，参照《商务汉语考试等级标准》，商务汉语词表可以分为初、中、高三个等级。其中，中级是商务汉语教学的重要过渡阶段，又可以依据其“广泛日常生活+日常商务活动”两类功能细分为两级。

（1）商务汉语词表初级

初级阶段主要解决基本的日常生活的交际任务，这些任务体现在商务汉语功能项目库的一级子功能项目中，其语言能力则对应《商务汉语考试等级标准》的一级和二级；“词汇等级”中的普及化词汇也是解决日常生活交际任务的，二者存在一定的对应关系。

（2）商务汉语词表高级

高级阶段是针对经贸专业领域来培养商务汉语交际能力的，对应《商务汉语考试等级标准》的五级，这些语言能力体现在商务汉语功能项目库的三级子功能项目中。同时，高级阶段的词汇以商贸领域的专有词汇为主，对应到“词汇等

---

7 教育部、国家语委发布，2010.汉语国际教育用音节汉字词汇等级划分 [M].北京：北京语言大学出版社.

级”的“纲外词语”[8]。

（3）商务汉语词表中级

中级阶段培养在更广泛的日常生活、日常商务活动中的语言能力，大体对应《商务汉语考试等级标准》的三级和四级，这些语言能力主要体现在商务汉语功能项目库的二级子功能项目[9]中。相对于初级和高级，中级阶段应该是商务汉语教学中更主体的部分，因中级阶段是初级向专业汉语高级的过渡阶段，此阶段的细分教学十分必要。“词汇等级”因为其覆盖面的通用性、全面性，既包括通用汉语的生活用词，当然也包括一些比较常用的职场、日常商务领域中的词语。因此，商务汉语中级词汇分为两个级别，中级一大致对应“词汇等级”的中级、高级中的生活用词，中级二大致对应“词汇等级”的高级、高级附录中的商务用词。

3. 新BCT词表分级框架

新BCT词表等级与《商务汉语考试等级标准》（BCT标准）、商务汉语功能项目库、“词汇等级”之间的对应关系和分级框架如表2所示。

表2 四者对应关系和分级框架

BCT标准	BCT标准能力描述	功能项目库	新BCT词表	词汇等级
一级	尚未具备在商务活动中运用汉语进行交流的能力	一级	初级	普及化
二级	在商务活动中可以运用汉语进行基本的交流			
三级	在商务活动中可以比较有效地运用汉语进行交流	二级	中级一	中级、高级（生活用词）
四级	在商务活动中可以比较熟练地运用汉语进行交流		中级二	高级、高级附录（商务用词）
五级	在商务活动中可以自如、得体地运用汉语进行交流	三级	高级	纲外词语（商务用词）

8 纲外词语需要细分考虑，有的纲外词语不一定是很专业的商务领域词语，而可能也是通用汉语中的日常生活词语，只不过“词汇等级”没有收录进去。

9 二级子功能项目实际上包括两种：广泛日常生活的功能项目，日常商务活动的功能项目。

（二）新BCT词表分级实现

1. 各子功能项目词表初分级

利用“词汇等级”对“生活类”和“业务类”各子功能项目词表进行初分级。

例如，子功能项目“生活—出行—问路、指路、看地图、理解公共场所的标志”中，原词表中的词语为：

场所、标志、楼梯、问路、方向、直走、公共场所、自动扶梯、迷路、路人、左转、车站、通道、天桥、大厦、商场、附近、路口、走路、出口、电梯、拐角、入口、卫生间、红绿灯、地图、汽车站、右转、换乘、转弯处、提醒、遇到

利用“词汇等级”分级后：

普及化词[10]：场所、问路、方向、车站、商场、路口、走路、出口、入口、地图

中级词：标志、楼梯、通道、附近、电梯、卫生间、提醒、遇到

高级词：公共场所、迷路、路人、天桥、大厦

高级附录词：无

纲外词语：直走、自动扶梯、左转、拐角、红绿灯、汽车站、右转、换乘、转弯处

2. 对初分级的子功能项目词表进行人工校验，重新分级

依据词语对于其子功能项目的类别归属性（贡献度）和常用度，以及子功能项目本身的级别，对子功能项目中的各级词语进行人工校验。例如，“生活—出行—问路、指路、看地图、理解公共场所的标志”是一级子功能项目，在生活中很常用，其功能项目词语理应多数为新BCT词表的一级词语（也可能部分为二级词语）。

依据新BCT词表与“词汇等级”、功能项目库的等级对应关系，校验[11]重分后为：

一级词[12]：车站、出口、大厦、地图、电梯、方向、附近、红绿灯、楼梯、

---

10 此处“普及化词、中级词、高级词”等是“词汇等级”的级别。

11 删除了“自动扶梯、走路”。

12 此处“一级词、二级词、三级词”是新BCT词表的级别。

路口、汽车站、入口、商场、天桥、卫生间、问路、右转、直走、左转

二级词：标志、场所、拐角、换乘、迷路、提醒、通道、遇到、转弯处

三级词：公共场所、路人

3. 子功能项目词表之外的词语分级

新BCT词表共4515个词条，减去各子功能项目词表的词语后剩下1513个词条，对这1513个词条我们采取如下方法来进行细分：

利用“词汇等级”将1513个词条分为五级（含纲外级别），利用“词汇等级”与新BCT词表等级的对应关系，将其部分词条初步分到新BCT词表的四级中。

再结合商务汉语教材生词表的生词频率、“词语常用度”[13]辅助专家检验词语分级。商务汉语教材生词表集中了各部教材编写者的集体智慧，又经过了实际教学的检验，很有价值，其生词频率高的词语，我们视其为常用，属于新BCT词表的低等级词语；“词语常用度”综合考虑了词语在时间和空间上均匀分布的程度以及词语的生成能力，是词语是否常用的可计算数据资源，常用度越高的词语越常用，在新BCT词表中等级越低。

（三）最终的新BCT分级词表

最终的新BCT词表包括四级，共4515个词条，一级（初级）共497个词条，二级（中级一）共1121个词条，三级（中级二）共1232个词条，四级（高级）共1665个词条。

13 刘华，2010.词语计算与应用[M].广州：暨南大学出版社；刘华，方沁，2014.汉语教学用话题库及话题分类影视资源库构建[J].世界汉语教学(03):378-392.

商务汉语功能项目
分类分级常用词语表

生活类—出行—问路、指路、看地图、理解公共场所的标志

车站	chēzhàn	station	1[14]
出口	chūkǒu	exit	1
大厦	dàshà	large building	1
地图	dìtú	map	1
电梯	diàntī	elevator	1
方向	fāngxiàng	direction	1
附近	fùjìn	nearby	1
红绿灯	hóng-lǜdēng	traffic lights	1
楼梯	lóutī	stairs	1
路口	lùkǒu	intersection	1
汽车站	qìchēzhàn	bus station	1
入口	rùkǒu	entrance	1
商场	shāngchǎng	market	1
天桥	tiānqiáo	overpass	1
卫生间	wèishēngjiān	toilet	1
问路	wènlù	ask the way	1
右转	yòuzhuǎn	turn right	1
直走	zhízǒu	go straight	1
左转	zuǒzhuǎn	turn left	1
标志	biāozhì	sign	2
场所	chǎngsuǒ	place	2
拐角	guǎijiǎo	corner	2
换乘	huànchéng	transfer	2

14 此处数字为商务汉语词汇等级大纲中的等级，全书同。

迷路	mílù	get lost	2
提醒	tíxǐng	remind	2
通道	tōngdào	passageway	2
遇到	yùdào	encounter	2
转弯处	zhuǎnwānchù	turning place	2
公共场所	gōnggòng chǎngsuǒ	public places	3
路人	lùrén	passerby	3

生活类—出行—咨询、求助

帮助	bāngzhù	help	1
害怕	hàipà	fear	1
行李	xíngli	luggage	1
检查	jiǎnchá	inspect	1
劳驾	láojià	may I trouble you	1
请问	qǐngwèn	excuse me	1
信号	xìnhào	signal	1
信息	xìnxī	information	1
着急	zháojí	worry	1
查询	cháxún	enquire about	2
答复	dáfù	reply	2
打听	dǎting	ask	2
工作人员	gōngzuò rényuán	working personnel	2
请教	qǐngjiào	consult	2
提供	tígōng	provide	2
询问	xúnwèn	enquire	2
咨询	zīxún	consult	2
拜托	bàituō	entrust	3
关注	guānzhù	follow with interests	3
救助	jiùzhù	succour	3
求救	qiújiù	cry out for help	3
求助	qiúzhù	seek help	3
劝告	quàngào	advice	3
要紧	yàojǐn	important	3
征求	zhēngqiú	seek	3

状况	zhuàngkuàng	status	3
告急	gàojí	be in an emergency	4
咨询费	zīxúnfèi	consulting fees	4

生活类—出行—订票

车票	chēpiào	ticket	1
窗口	chuāngkǒu	window	1
单程	dānchéng	one way	1
单程票	dānchéngpiào	one-way ticket	1
到站	dàozhàn	arrive at a station	1
订票	dìng piào	book a ticket	1
飞机票	fēijīpiào	air ticket	1
高铁	gāotiě	high-speed railway	1
公务舱	gōngwùcāng	business class	1
航班	hángbān	flight	1
护照	hùzhào	passport	1
火车票	huǒchēpiào	train ticket	1
火车站	huǒchēzhàn	railway station	1
机票	jīpiào	air ticket	1
经济舱	jīngjìcāng	economy class	1
买票	mǎi piào	buy a ticket	1
票	piào	ticket	1
票价	piàojià	ticket price	1
起飞	qǐfēi	take off	1
商务舱	shāngwùcāng	business class	1
上铺	shàngpù	upper berth	1
身份证	shēnfènzhèng	ID card	1
收费	shōu fèi	charge	1
售票处	shòupiàochù	ticket office	1
售票厅	shòupiàotīng	ticket lobby	1

售票员	shòupiàoyuán	conductor	1
头等舱	tóuděngcāng	first-class cabin	1
退票	tuìpiào	return a ticket	1
往返	wǎngfǎn	go to and fro	1
往返票	wǎng-fǎnpiào	round-trip ticket	1
卧铺	wòpù	sleeping berth	1
下铺	xiàpù	lower berth	1
学生证	xuéshēngzhèng	student ID card	1
硬座	yìngzuò	hard seat （on a train）	1
张	zhāng	measure word [used for paper, paintings, etc]	1
直飞	zhífēi	non-stop flight to	1
座位	zuòwèi	seat	1
班机	bānjī	flight	2
半价	bànjià	half price	2
车次	chēcì	train number	2
出票	chūpiào	draw a bill	2
动车组	dòngchēzǔ	Multiple Units	2
儿童票	értóngpiào	ticket at children discount	2
服务费	fúwùfèi	service charge	2
航空公司	hángkōng gōngsī	airline company	2
黄牛党	huángniúdǎng	scalpers	2
客满	kèmǎn	no vacancy	2
售票	shòupiào	sell tickets	2
网上订票	wǎngshàng dìngpiào	online booking	2
卧铺票	wòpùpiào	berth ticket	2
携带	xiédài	carry	2

学生票	xuéshēngpiào	ticket at student discount	2
站台	zhàntái	platform	2
长途	chángtú	long-distance	2
发车	fāchē	depart	3
客票	kèpiào	passenger ticket	3
票务中心	piàowù zhōngxīn	ticket center	3
语音提示	yǔyīn tíshì	voice prompt	3
代理点	dàilǐdiǎn	agency	4
代售	dàishòu	be commissioned to sell sth.	4
空位	kòngwèi	vacancy	4
实名制	shímíngzhì	real-name system	4
通票	tōngpiào	through ticket	4

生活类—出行—乘（火车、飞机、轮船、出租车、公共汽车）

车费	chēfèi	(passenger's) fare	1
车站	chēzhàn	station	1
乘客	chéngkè	passenger	1
出租车	chūzūchē	taxi	1
打车	dǎchē	take a taxi	1
打的	dǎdī	take a taxi	1
到达	dàodá	arrive	1
地铁	dìtiě	metro	1
地铁站	dìtiězhàn	metro station	1
方便	fāngbiàn	convenient	1
飞机	fēijī	aircraft	1
高速	gāosù	high-speed	1
高速公路	gāosù gōnglù	expressway	1
公共汽车	gōnggòng qìchē	bus	1
公里	gōnglǐ	kilometre	1
公路	gōnglù	highway	1
航空	hángkōng	aviation	1
候车	hòuchē	wait for a bus or train	1
火车	huǒchē	train	1
交通	jiāotōng	traffic	1
开车	kāichē	drive a car	1
牌	pái	brand	1
汽车	qìchē	automobile	1
铁路	tiělù	railway	1
停车	tíngchē	park（a car）	1

下车	xià chē	get off (a vehicle)	1
长途汽车	chángtú qìchē	long-distance bus	1
自行车	zìxíngchē	bicycle	1
出行	chūxíng	set forth	2
春运	chūnyùn	passenger transport during or around the Spring Festival	2
动身	dòngshēn	leave	2
堵车	dǔchē	be traffic-jammed	2
环保	huánbǎo	environmental protection	2
换乘	huànchéng	transfer	2
交通工具	jiāotōng gōngjù	vehicle	2
摩托车	mótuōchē	motorcycle	2
轻轨	qīngguǐ	light rail	2
修车	xiū chē	repair （a vehicle）	2
运输	yùnshū	transport	2
准时	zhǔnshí	on time	2
便捷	biànjié	convenient	3
高峰期	gāofēngqī	peak period	3
公共交通	gōnggòng jiāotōng	public transportation	3
计费	jìfèi	bill	3
启程	qǐchéng	depart	3
起步	qǐbù	start to move	3
燃油费	rányóufèi	bunker surcharge	3
时速	shísù	speed per hour	3
私家车	sījiāchē	private car	3
拥挤	yōngjǐ	congested	3
空运	kōngyùn	air transport	4

水路	shuǐlù	waterway	4
水运	shuǐyùn	transport by water	4
拥堵	yōngdǔ	traffic jam	4
专线	zhuānxiàn	line for special use	4
专用道	zhuānyòngdào	accommodation road	4

生活类—出行—费用报销

单位	dānwèi	（work） unit	1
费用	fèiyong	cost	1
付款	fù kuǎn	pay (a sum of money)	1
填写	tiánxiě	fill in	1
补贴	bǔtiē	subsidize	2
补助	bǔzhù	subsidy	2
采购	cǎigòu	purchase	2
差旅费	chāilǚfèi	travel expense	2
乘车	chéngchē	take a car/bus	2
出差	chūchāi	be away on official business	2
发票	fāpiào	invoice	2
负责人	fùzérén	person in charge	2
公费	gōngfèi	public expense	2
规定	guīdìng	stipulate	2
花费	huāfèi	spend	2
金额	jīn'é	amount of money	2
批准	pīzhǔn	approve	2
上级	shàngjí	superior	2
外地	wàidì	other places	2
账目	zhàngmù	accounts	2
支出	zhīchū	expenditure	2
住宿费	zhùsùfèi	accommodation expenses	2
报销	bàoxiāo	reimburse	3
报账	bàozhàng	render an account	3
财务	cáiwù	financial affairs	3

差额	chā'é	difference	3
公款	gōngkuǎn	public fund	3
交通费	jiāotōngfèi	traffic expense	3
款项	kuǎnxiàng	sum of money	3
旅费	lǚfèi	travelling expenses	3
凭证	píngzhèng	voucher	3
清单	qīngdān	detailed list	3
申请书	shēnqǐngshū	application	3
审核	shěnhé	examine and verify	3
审批	shěnpī	examine and approve	3
收据	shōujù	receipt	3
详细	xiángxì	detailed	3
预算	yùsuàn	budget	3
报销单	bàoxiāodān	bill to be reimbursed	4
补助费	bǔzhùfèi	subsidy	4
冲账	chōngzhàng	strike a balance	4
出纳	chūnà	cashier	4
存根	cúngēn	stub	4
单据	dānjù	bill	4
票单	piàodān	ticket	4
票根	piàogēn	ticket stub	4
实报实销	shíbào-shíxiāo	reimburse the amount actually spent	4
索要	suǒyào	ask for	4
销账	xiāozhàng	write off an account	4

生活类—出行—介绍公司位置

高速	gāosù	high-speed	1
公交	gōngjiāo	public transit	1
公里	gōnglǐ	kilometre	1
环境	huánjìng	environment	1
面积	miànjī	area measure	1
周围	zhōuwéi	circumambience	1
便利	biànlì	facilitate	2
步行	bùxíng	walk	2
范围	fànwéi	range	2
距离	jùlí	distance	2
路线	lùxiàn	route	2
位于	wèiyú	be located	2
位置	wèizhì	position	2
优势	yōushì	advantage	2
繁华	fánhuá	bustling	3
邻近	línjìn	be near	3
设施	shèshī	facilities	3
自驾车	zìjiàchē	self drive	3
工业区	gōngyèqū	industrial area	4
交叉口	jiāochākǒu	intersection	4
毗邻	pílín	be adjacent to	4
商业圈	shāngyèquān	business circle	4

生活类—出行—旅游

安排	ānpái	arrange	1
安全	ānquán	safe	1
导游	dǎoyóu	guide	1
景点	jǐngdiǎn	scenic spot	1
客车	kèchē	passenger car	1
旅行	lǚxíng	travel	1
旅游	lǚyóu	travel	1
门票	ménpiào	admission ticket	1
游客	yóukè	tourist	1
报团	bào tuán	enter for a tour group	2
参观	cānguān	visit	2
出境	chūjìng	leave the country	2
出游	chūyóu	go on a sightseeing tour	2
观光	guānguāng	go sightseeing	2
行程	xíngchéng	route	2
黄金周	huángjīnzhōu	golden week	2
季节	jìjié	season	2
路线	lùxiàn	route	2
旅行社	lǚxíngshè	travel agency	2
旅行团	lǚxíngtuán	tour group	2
线路	xiànlù	line	2
消费	xiāofèi	consume	2
娱乐	yúlè	amuse	2
度假	dùjià	go on vacation	3
景区	jǐngqū	scenic spot	3

全程	quánchéng	whole course	3
人次	réncì	person-time	3
土特产	tǔ-tèchǎn	local specialty	3
旺季	wàngjì	busy season	3
休闲	xiūxián	have leisure	3
游览	yóulǎn	go sightseeing	3
自驾游	zìjiàyóu	self-driving tour	3
自助游	zìzhùyóu	self-service travel	3
出境游	chūjìngyóu	outbound tour	4
攻略	gōnglüè	strategy	4
领略	lǐnglüè	appreciate	4

生活类—出行—天气

风	fēng	wind	1
气温	qìwēn	air temperature	1
晴	qíng	fine	1
雪	xuě	snow	1
阴	yīn	cloudy	1
雨	yǔ	rain	1
查询	cháxún	enquire about	2
潮湿	cháoshī	damp	2
大雾	dàwù	dense fog	2
发布	fābù	release	2
高温	gāowēn	high-temperature	2
鬼天气	guǐ tiānqì	terrible weather	2
户外	hùwài	outdoor	2
降温	jiàngwēn	lower the temperature	2
气象台	qìxiàngtái	meteorological observatory	2
晴朗	qínglǎng	sunny	2
水分	shuǐfèn	water content	2
天气预报	tiānqì yùbào	weather forecast	2
污染	wūrǎn	pollute	2
预防	yùfáng	prevent	2
冰雹	bīngbáo	hail	3
防晒	fángshài	prevent sunburn	3
风力	fēnglì	wind power	3
户内	hùnèi	indoor	3
路况	lùkuàng	road conditions	3

沙尘暴	shāchénbào	sandstorm	3
阴冷	yīnlěng	gloomy and cold	3
雨夹雪	yǔ jiā xuě	sleet	3
降水	jiàngshuǐ	precipitation	4
预警	yùjǐng	give early warning	4
灾害性	zāihàixìng	disastrous	4

生活类—购物—问价、讲价

便宜	piányi	cheap	1
超市	chāoshì	supermarket	1
打折	dǎzhé	give a discount	1
顾客	gùkè	customer	1
贵	guì	expensive	1
价格	jiàgé	price	1
价钱	jiàqián	price	1
款式	kuǎnshì	style	1
老板	lǎobǎn	boss	1
连锁店	liánsuǒdiàn	chain store	1
买	mǎi	buy	1
卖	mài	sell	1
满意	mǎnyì	be satisfied	1
名牌	míngpái	famous brand	1
牌子	páizi	brand	1
商场	shāngchǎng	market	1
商店	shāngdiàn	shop	1
商品	shāngpǐn	commodity	1
生意	shēngyi	business	1
试	shì	try	1
售货员	shòuhuòyuán	salesperson	1
押金	yājīn	deposit	1
超级市场	chāojí shìchǎng	supermarket	2
成本	chéngběn	cost	2
店员	diànyuán	salesclerk	2

店主	diànzhǔ	shop keeper	2
购物	gòuwù	go shopping	2
还价	huánjià	counter-offer	2
合理	hélǐ	reasonable	2
花钱	huā qián	spend money	2
讲价	jiǎngjià	bargain	2
砍价	kǎnjià	bargain down	2
零售	língshòu	retail	2
品种	pǐnzhǒng	variety	2
实价	shíjià	net price	2
讨价还价	tǎojià-huánjià	bargain	2
物品	wùpǐn	article	2
涨价	zhǎngjià	raise the price	2
专卖店	zhuānmàidiàn	exclusive shop	2
自动售货机	zìdòng shòuhuòjī	vending machine	2
自选商场	zìxuǎn shāngchǎng	(self-service)supermarket	2
昂贵	ángguì	expensive	3
成本价	chéngběnjià	cost price	3
档次	dàngcì	grade	3
光顾	guānggù	patronize	3
合算	hésuàn	payable	3
划算	huásuàn	be profitable	3
货比三家	huòbǐsānjiā	shop around	3
价廉物美	jiàlián-wùměi	low price and fine quality	3
价位	jiàwèi	price	3
进价	jìnjià	purchasing price	3

精打细算	jīngdǎ-xìsuàn	careful calculation and strict budgeting	3
批发	pīfā	wholesale	3
品位	pǐnwèi	taste	3
质地	zhìdì	texture	3
报价	bàojià	make an offer	4
压价	yājià	force the price down	4
营业员	yíngyèyuán	shop employee	4

生活类—购物—交款方式及办理优惠卡

办理	bànlǐ	handle	1
充值	chōngzhí	recharge	1
出示	chūshì	show	1
付款	fù kuǎn	pay (a sum of money)	1
会员	huìyuán	member	1
会员卡	huìyuánkǎ	membership card	1
卡号	kǎhào	card number	1
使用	shǐyòng	use	1
收银台	shōuyíntái	cashier's (desk)	1
售货员	shòuhuòyuán	salesperson	1
填写	tiánxiě	fill in	1
现金	xiànjīn	cash	1
信用卡	xìnyòngkǎ	credit card	1
银行	yínháng	bank	1
优惠	yōuhuì	preferential	1
证件	zhèngjiàn	certificate	1
本人	běnrén	oneself	2
查询	cháxún	enquire about	2
分期	fēnqī	by stages	2
工作人员	gōngzuò rényuán	working personnel	2
挂失	guàshī	report the loss	2
金额	jīn'é	amount of money	2
签名	qiānmíng	sign	2
申请	shēnqǐng	apply for	2
收款人	shōukuǎnrén	payee	2

无效	wúxiào	be invalid	2
享受	xiǎngshòu	enjoy	2
消费	xiāofèi	consume	2
小票	xiǎopiào	small note	2
正式	zhèngshì	formal	2
支付	zhīfù	pay	2
注册	zhùcè	register	2
资料	zīliào	data	2
补办	bǔbàn	make up	3
持卡人	chíkǎrén	card holder	3
兑奖	duìjiǎng	cash in a lottery ticket	3
工本费	gōngběnfèi	cost(of production)	3
会馆	huìguǎn	guild-hall	3
积分	jīfēn	cumulative scoring	3
累计	lěijì	add up to	3
货到付款	huòdào fùkuǎn	cash on delivery	4
实名制	shímíngzhì	real-name system	4
遗失	yíshī	lose	4

生活类—购物—商品的质量及售后服务

安装	ānzhuāng	install	1
服务	fúwù	service	1
检查	jiǎnchá	inspect	1
满意	mǎnyì	be satisfied	1
免费	miǎnfèi	be free of charge	1
商品	shāngpǐn	commodity	1
质量	zhìliàng	quality	1
包退包换	bāotuì bāohuàn	guarantee to recall or exchange	2
包装	bāozhuāng	pack	2
保修期	bǎoxiūqī	guarantee	2
保证	bǎozhèng	ensure	2
保质期	bǎozhìqī	shelf life	2
材料	cáiliào	material	2
处理	chǔlǐ	handle	2
故障	gùzhàng	failure	2
规定	guīdìng	stipulate	2
假货	jiǎhuò	fakement	2
解决	jiějué	solve	2
赔偿	péicháng	compensate	2
确保	quèbǎo	ensure	2
收取	shōuqǔ	collect	2
售后	shòuhòu	after-sale service	2
提供	tígōng	provide	2
投诉	tóusù	complain	2
退换	tuìhuàn	exchange a purchase	2
退回	tuìhuí	return	2

退货	tuìhuò	return goods	2
外观	wàiguān	outward appearance	2
维修	wéixiū	maintain	2
小票	xiǎopiào	small note	2
修理	xiūlǐ	repair	2
意见	yìjiàn	opinion	2
用户	yònghù	user	2
造成	zàochéng	cause	2
保修	bǎoxiū	guarantee	3
保修单	bǎoxiūdān	warranty	3
报销	bàoxiāo	reimburse	3
变质	biànzhì	go bad	3
寄回	jìhuí	send back	3
声誉	shēngyù	reputation	3
售后服务	shòuhòu fúwù	after-sale service	3
损坏	sǔnhuài	damage	3
退还	tuìhuán	return	3
维修站	wéixiūzhàn	maintenance station	3
消费者	xiāofèizhě	consumer	3
抽查	chōuchá	spot-check	4
垫付	diànfù	pay for sb and get paid back later	4
合格率	hégélǜ	acceptance rate	4
换货	huànhuò	exchange goods	4
期内	qīnèi	period	4
抢修	qiǎngxiū	rush to repair	4
消费者协会	xiāofèizhě xiéhuì	consumers' association	4
消协	xiāoxié	consumers' association	4

生活类—购物—促销活动（广告）

便宜	piányi	cheap	1
超市	chāoshì	supermarket	1
打折	dǎzhé	give a discount	1
顾客	gùkè	customer	1
广场	guǎngchǎng	square	1
广告	guǎnggào	advertisement	1
活动	huódòng	activity	1
免费	miǎnfèi	be free of charge	1
全场	quánchǎng	whole audience	1
商场	shāngchǎng	market	1
优惠	yōuhuì	preferential	1
抽奖	chōujiǎng	draw for a prize	2
促销	cùxiāo	promote sales	2
购买	gòumǎi	purchase	2
购物	gòuwù	go shopping	2
价值	jiàzhí	value	2
奖品	jiǎngpǐn	prize	2
降价	jiàngjià	reduce the price	2
精美	jīngměi	exquisite	2
客户	kèhù	customer	2
亏本	kuīběn	lose money (in business)	2
礼品	lǐpǐn	gift	2
领取	lǐngqǔ	receive	2
期间	qījiān	period	2
实惠	shíhuì	material benefit	2

特卖	tèmài	special sales	2
推出	tuīchū	introduce	2
消费	xiāofèi	consume	2
原价	yuánjià	original price	2
赠品	zèngpǐn	(complimentary) gift	2
赠送	zèngsòng	give as a gift	2
咨询	zīxún	consult	2
购置	gòuzhì	purchase	3
回馈	huíkuì	repay	3
奖券	jiǎngquàn	lottery ticket	3
竭诚	jiéchéng	whole-heartedly	3
商家	shāngjiā	merchant	3
试用	shìyòng	try out	3
收益	shōuyì	profit	3
销售	xiāoshòu	sell	3
一等奖	yīděng jiǎng	first prize	3
优惠价	yōuhuìjià	concessional rate	3
折扣	zhékòu	discount	3
专卖	zhuānmài	monopolize	3
店庆	diànqìng	business anniversary	4
现价	xiànjià	selling price	4
滞销	zhìxiāo	be unsalable	4

生活类—签证—咨询、说明业务

办理	bànlǐ	handle	1
地区	dìqū	region	1
短期	duǎnqī	short term	1
国家	guójiā	country	1
护照	hùzhào	passport	1
旅游	lǚyóu	travel	1
签证	qiānzhèng	visa	1
入境	rùjìng	enter a country	1
使馆	shǐguǎn	embassy	1
外国	wàiguó	foreign country	1
邀请	yāoqǐng	invite	1
照片	zhàopiàn	photo	1
材料	cáiliào	material	2
出境	chūjìng	exit	2
出入	chūrù	come in and go out	2
出入境	chū-rùjìng	entry and exit	2
次数	cìshù	frequency	2
访问	fǎngwèn	visit	2
公民	gōngmín	citizen	2
获得	huòdé	get	2
留学签证	liúxué qiānzhèng	student visa	2
落地签证	luòdì qiānzhèng	landing visa	2
免签	miǎnqiān	visa-free	2
批准	pīzhǔn	approve	2
入境签证	rùjìng qiānzhèng	entry visa	2

申请	shēnqǐng	apply for	2
提供	tígōng	provide	2
提交	tíjiāo	submit to	2
停留	tíngliú	stop over	2
移民局	yímínjú	immigration office	2
闭馆	bìguǎn	be closed	3
发证	fā zhèng	issue the licence	3
过期	guòqī	be overdue	3
领馆	lǐngguǎn	consulate	3
受理	shòulǐ	accept and attend to	3
限制	xiànzhì	limit	3
协议	xiéyì	agreement	3
邀请函	yāoqǐnghán	invitation	3
有效期	yǒuxiàoqī	term of validity	3
准许	zhǔnxǔ	permit	3
自由行	zìyóuxíng	independent travel	3
出境签证	chūjìng qiānzhèng	exit visa	4
存款证明	cúnkuǎn zhèngmíng	deposit certificate	4
担保金	dānbǎojīn	bail	4
过境签证	guòjìng qiānzhèng	transit visa	4
拒签	jùqiān	deny sb. a visa	4
口岸	kǒu'àn	port	4
签发	qiānfā	sign and issue	4
签注	qiānzhù	attach a slip of paper to a document with comments on it	4
申根	shēngēn	Schengen	4
信函	xìnhán	letter	4

生活类—签证—办手续

办理	bànlǐ	handle	1
表格	biǎogé	form	1
出国	chūguó	go abroad	1
出示	chūshì	show	1
大使馆	dàshǐguǎn	embassy	1
费用	fèiyong	cost	1
复印件	fùyìnjiàn	photocopy	1
护照	hùzhào	passport	1
交费	jiāo fèi	pay	1
快递	kuàidì	express	1
签证	qiānzhèng	visa	1
身份证	shēnfènzhèng	ID card	1
填写	tiánxiě	fill in	1
通知	tōngzhī	notice	1
往返机票	wǎngfǎn jīpiào	return airline ticket	1
照片	zhàopiàn	photo	1
证件	zhèngjiàn	certificate	1
本人	běnrén	oneself	2
出入境管理	chū-rùjìng guǎnlǐ	entry and exit management	2
登记表	dēngjìbiǎo	registration form	2
负责人	fùzérén	person in charge	2
工作单位	gōngzuò dānwèi	work unit	2
户口	hùkǒu	registered permanent residence	2
境外	jìngwài	area outside the borders	2
临时	línshí	temporary	2

领取	lǐngqǔ	receive	2
确认	quèrèn	confirm	2
申请	shēnqǐng	apply for	2
申请表	shēnqǐngbiǎo	application form	2
申请人	shēnqǐngrén	applicant	2
提供	tígōng	provide	2
提交	tíjiāo	submit to	2
携带	xiédài	carry	2
邮政速递	yóuzhèng sùdì	EMS	2
预约	yùyuē	make an appointment	2
原件	yuánjiàn	original manuscript	2
证明	zhèngmíng	prove	2
资料	zīliào	data	2
代领	dàilǐng	lead	3
递交	dìjiāo	submit	3
订单	dìngdān	order	3
个人资料	gèrén zīliào	personal information	3
公安局	gōng'ānjú	public security bureau	3
核对	héduì	check	3
户口簿	hùkǒubù	residence booklet	3
回执	huízhí	return receipt	3
缴费	jiǎo fèi	pay	3
流程	liúchéng	technological process	3
面谈	miàntán	discuss face to face	3
审查	shěnchá	examine	3
审核	shěnhé	examine and verify	3
收据	shōujù	receipt	3

受理	shòulǐ	accept and attend to	3
通行证	tōngxíngzhèng	safe conduct	3
邀请信	yāoqǐngxìn	letter of invitation	3
有效期	yǒuxiàoqī	term of validity	3
户籍	hùjí	household register	4
所在地	suǒzàidì	location	4

生活类—社交—约见、拜访

安排	ānpái	arrange	1
拜访	bàifǎng	pay a visit (to)	1
抱歉	bàoqiàn	be sorry	1
打算	dǎsuàn	plan	1
电话	diànhuà	telephone	1
方便	fāngbiàn	convenient	1
见面	jiànmiàn	meet	1
礼物	lǐwù	gift	1
联系	liánxì	contact	1
留言	liúyán	leave a message	1
取消	qǔxiāo	cancel	1
通知	tōngzhī	notice	1
参观	cānguān	visit	2
访问	fǎngwèn	visit	2
看望	kànwàng	visit	2
冒昧	màomèi	take the liberty (of)	2
陪	péi	accompany	2
通话	tōnghuà	communicate by telephone	2
辛苦	xīnkǔ	hard	2
有空	yǒukòng	at leisure	2
预约	yùyuē	make an appointment	2
占线	zhànxiàn	(of a telephone line) be busy	2
转告	zhuǎngào	pass on (a message)	2
会面	huìmiàn	meet	3
交谈	jiāotán	converse	3

口信	kǒuxìn	oral message	3
歉意	qiànyì	regret	3
日程	rìchéng	schedule	3
日程表	rìchéngbiǎo	calendar	3
稍候	shāohòu	wait a little while	3
时间表	shíjiānbiǎo	timetable	3
顺便	shùnbiàn	incidentally	3
探望	tànwàng	visit	3
约见	yuējiàn	make an appointment to meet	4

生活类—社交—庆典、聚会

各位	gèwèi	everybody	1
活动	huódòng	activity	1
朋友	péngyǒu	friend	1
庆祝	qìngzhù	celebrate	1
支持	zhīchí	support	1
成立	chénglì	establish	2
典礼	diǎnlǐ	ceremony	2
发展	fāzhǎn	develop	2
鼓掌	gǔzhǎng	applaud	2
合作	hézuò	cooperate	2
聚会	jùhuì	get together	2
开业	kāiyè	open for business	2
领导	lǐngdǎo	leader	2
企业	qǐyè	enterprise	2
全体	quántǐ	whole	2
热闹	rènao	lively	2
仪式	yíshì	ceremony	2
员工	yuángōng	staff	2
掌声	zhǎngshēng	applause	2
周年	zhōunián	anniversary	2
组织	zǔzhī	organize	2
创业	chuàngyè	start an undertaking	3
氛围	fēnwéi	atmosphere	3
贺词	hècí	congratulations	3
酒会	jiǔhuì	cocktail party	3

来宾	láibīn	guest	3
隆重	lóngzhòng	grand	3
庆典	qìngdiǎn	celebration	3
荣誉	róngyù	honor	3
业绩	yèjì	outstanding achievement	3
致辞	zhìcí	deliver a speech	3
衷心	zhōngxīn	heartfelt	3
各界	gèjiè	all circles	4
谢意	xièyì	thankfulness	4

生活类—社交—邀请及致谢

帮助	bāngzhù	help	1
参加	cānjiā	participate in	1
感谢	gǎnxiè	thank	1
公司	gōngsī	company	1
接受	jiēshòu	accept	1
举行	jǔxíng	hold	1
热情	rèqíng	enthusiasm	1
晚会	wǎnhuì	evening party	1
邀请	yāoqǐng	invite	1
出席	chūxí	attend	2
访问	fǎngwèn	visit	2
关心	guānxīn	care for	2
举办	jǔbàn	hold	2
聚会	jùhuì	get together	2
请柬	qǐngjiǎn	invitation card	2
约定	yuēdìng	appoint	2
不胜感激	bùshèng gǎnjī	be deeply grateful	3
感激	gǎnjī	feel grateful (to)	3
感谢信	gǎnxièxìn	thank-you note	3
荣幸	róngxìng	honoured	3
赏光	shǎngguāng	please accept my invitation	3
晚宴	wǎnyàn	dinner	3
邀请函	yāoqǐnghán	invitation	3
邀请信	yāoqǐngxìn	letter of invitation	3
真诚	zhēnchéng	sincere	3

致谢	zhìxiè	extend thanks to	3
邀集	yāojí	call together	4
约请	yuēqǐng	invite	4

生活类—社交—道贺及祝愿

请客	qǐngkè	stand treat	1
顺利	shùnlì	smooth	1
恭喜	gōngxǐ	congratulate	2
恭祝	gōngzhù	congratulate and sincerely wish	2
好运	hǎoyùn	good luck	2
合作	hézuò	cooperate	2
贺卡	hèkǎ	greeting card	2
健康	jiànkāng	health	2
礼品	lǐpǐn	gift	2
喜酒	xǐjiǔ	wedding feast	2
幸福	xìngfú	happiness	2
幸运	xìngyùn	lucky	2
愿望	yuànwàng	desire	2
运气	yùnqì	luck	2
祝贺	zhùhè	congratulate	2
祝愿	zhùyuàn	wish	2
大功告成	dàgōng-gàochéng	be brought to successful completion	3
阖家	héjiā	whole family	3
乐意	lèyì	be willing (to do sth)	3
钦佩	qīnpèi	admire	3
庆贺	qìnghè	celebrate	3
升职	shēngzhí	get a promotion	3
实现	shíxiàn	realize	3
携手	xiéshǒu	be hand in hand	3
衷心	zhōngxīn	heartfelt	3

大展宏图	dàzhǎn-hóngtú	realize one's ambition	4
道喜	dàoxǐ	congratulate sb on a happy occasion	4
高升	gāoshēng	get a promotion	4
美言	měiyán	put in a good word	4
美誉	měiyù	good reputation	4
荣升	róngshēng	be honoured with promotion	4
升迁	shēngqiān	be transferred and promoted	4

生活类—社交—道歉及拒绝

抱歉	bàoqiàn	be sorry	1
对不起	duìbuqǐ	excuse me	1
取消	qǔxiāo	cancel	1
抱怨	bàoyuàn	complain	2
不幸	búxìng	unfortunately	2
耽搁	dānge	delay	2
道歉	dàoqiàn	apologize	2
禁止	jìnzhǐ	prohibit	2
拒绝	jùjué	refuse	2
损失	sǔnshī	loss	2
陷入	xiànrù	fall into	2
严重	yánzhòng	serious	2
遗憾	yíhàn	regret	2
原谅	yuánliàng	forgive	2
遭受	zāoshòu	suffer	2
得体	détǐ	appropriate	3
乞求	qǐqiú	beg for	3
歉意	qiànyì	regret	3
委婉	wěiwǎn	tactful	3
致歉	zhìqiàn	apologize	3
赔礼道歉	péilǐ-dàoqiàn	offer an apology	4

生活类—社交—接风

白酒	báijiǔ	white spirit	1
干杯	gānbēi	drink a toast	1
各位	gèwèi	everybody	1
欢迎	huānyíng	welcome	1
啤酒	píjiǔ	beer	1
请客	qǐngkè	stand treat	1
上菜	shàng cài	serve the dishes	1
地道	dìdao	genuine	2
贵宾席	guìbīnxí	distinguished guests' gallery	2
合作	hézuò	cooperate	2
夹菜	jiā cài	pick up food（with chopsticks）	2
接风	jiēfēng	give a dinner of welcome	2
敬酒	jìng jiǔ	toast	2
酒杯	jiǔbēi	wine glass	2
款待	kuǎndài	entertain	2
领导	lǐngdǎo	leader	2
葡萄酒	pútaojiǔ	wine	2
气氛	qìfēn	atmosphere	2
特色	tèsè	characteristic	2
业务	yèwù	business	2
友谊	yǒuyì	friendship	2
有名	yǒumíng	famous	2
做东	zuòdōng	play the host	2
会所	huìsuǒ	office of an association	3
接风洗尘	jiēfēng-xǐchén	give a dinner of welcome	3

酒量	jiǔliàng	capacity for liquor	3
入席	rùxí	take one's seat	3
设宴	shèyàn	give a banquet	3
提议	tíyì	propose	3
推荐	tuījiàn	recommend	3
晚宴	wǎnyàn	dinner	3
宴请	yànqǐng	entertain	3
宴席	yànxí	banquet	3
预祝	yùzhù	wish	3
招待	zhāodài	entertain	3
高朋满座	gāopéng-mǎnzuò	a great gathering of honoured friends	4
一饮而尽	yīyǐn'érjìn	empty one's glass at a gulp	4

生活类—社交—送行

出发	chūfā	set out	1
登机	dēng jī	board a plane	1
感谢	gǎnxiè	thank	1
告别	gàobié	bid farewell to	1
机场	jīchǎng	airport	1
离开	líkāi	leave	1
平安	píng'ān	safe	1
一路平安	yílù-píng'ān	have a safe journey	1
再见	zàijiàn	goodbye	1
保重	bǎozhòng	take care	2
告辞	gàocí	take leave of	2
敬酒	jìng jiǔ	toast	2
送别	sòngbié	send sb off	2
送行	sòngxíng	see sb off	2
问候	wènhòu	send one's respects to	2
想念	xiǎngniàn	miss	2
拥抱	yōngbào	embrace	2
珍重	zhēnzhòng	treasure	2
后会有期	hòuhuì-yǒuqī	see you again	3
话别	huàbié	say goodbye	3
挥手	huīshǒu	wave one's hand	3
饯行	jiànxíng	give a farewell dinner	3
离别	líbié	part	3
伤感	shānggǎn	sick at heart	3

生活类—文化—礼节、习俗

拜访	bàifǎng	pay a visit (to)	1
节日	jiérì	festival	1
热情	rèqíng	enthusiasm	1
西装	xīzhuāng	Western suit	1
先生	xiānsheng	sir	1
保留	bǎoliú	retain	2
传统	chuántǒng	tradition	2
风俗	fēngsú	customs	2
礼貌	lǐmào	politeness	2
民间	mínjiān	non-governmental	2
热闹	rènao	lively	2
特点	tèdiǎn	characteristic	2
文化	wénhuà	culture	2
习惯	xíguàn	habit	2
仪式	yíshì	ceremony	2
应酬	yìngchou	engage in social activities	2
正式	zhèngshì	formal	2
规矩	guīju	rule	3
忌讳	jìhuì	taboo	3
禁忌	jìnjì	taboo	3
礼仪	lǐyí	ceremony	3
美德	měidé	virtue	3
庙会	miàohuì	temple fair	3
入乡随俗	rùxiāng-suísú	conform to local customs	3
习俗	xísú	custom	3

秩序	zhìxù	order	3
宗教	zōngjiào	religion	3
风土人情	fēngtǔ-rénqíng	local customs and practices	4
敬辞	jìngcí	polite expression	4

生活类—文化—商业道德

成功	chénggōng	succeed (in)	1
商业	shāngyè	business	1
要求	yāoqiú	require	1
诚实	chéngshí	honest	2
诚信	chéngxìn	honesty	2
道德	dàodé	morality	2
法律	fǎlǜ	law	2
行为	xíngwéi	behaviour	2
经营	jīngyíng	plan and manage	2
竞争	jìngzhēng	compete	2
利益	lìyì	interest	2
秘密	mìmì	secret	2
送礼	sònglǐ	present a gift	2
违反	wéifǎn	violate	2
维护	wéihù	safeguard	2
信任	xìnrèn	trust	2
宣传	xuānchuán	propagate	2
员工	yuángōng	staff	2
责任	zérèn	responsibility	2
正当	zhèngdàng	proper	2
遵守	zūnshǒu	comply with	2
承担	chéngdān	bear	3
规范	guīfàn	standard	3
贿赂	huìlù	bribery	3
货真价实	huòzhēn-jiàshí	genuine goods at a fair price	3

甲方	jiǎfāng	party A	3
价值观	jiàzhíguān	values	3
敬业	jìngyè	be dedicated	3
欺诈	qīzhà	cheat	3
受贿	shòuhuì	accept bribes	3
条款	tiáokuǎn	clause	3
童叟无欺	tóngsǒu-wúqī	(in shop advertisement) cheat neither the old nor the young	3
协议	xiéyì	agreement	3
泄密	xièmì	divulge a secret	3
虚假	xūjiǎ	false	3
乙方	yǐfāng	Party B	3
准则	zhǔnzé	criterion	3
合义取利	héyì qǔlì	justice and profit taking	4
价实量足	jiàshí liàngzú	actual value	4
重合同，守信用	zhòng hétóng, shǒu xìnyòng	abide by contract and keep promise	4
自负盈亏	zìfù yíngkuī	(of an enterprise) assume sole responsibility for its profits or losses	4

生活类—饮食—点菜、介绍、订餐、买单

AA制	AA zhì	AA system	1
包间	bāojiān	small room in a restaurant	1
便宜	piányi	cheap	1
菜单	càidān	menu	1
餐馆	cānguǎn	restaurant	1
餐厅	cāntīng	restaurant	1
茶	chá	tea	1
橙汁	chéngzhī	orange juice	1
吃饭	chī fàn	have a meal	1
打包	dǎbāo	pack	1
点菜	diǎn cài	order dishes	1
订餐	dìngcān	order food	1
饭馆	fànguǎn	restaurant	1
份	fèn	part	1
服务员	fúwùyuán	waiter	1
顾客	gùkè	customer	1
果汁	guǒzhī	fruit juice	1
喝	hē	drink	1
价格	jiàgé	price	1
饺子	jiǎozi	Chinese dumpling	1
烤鸭	kǎoyā	roast duck	1
口味	kǒuwèi	one’s taste	1
苦	kǔ	bitter	1
快餐	kuàicān	fast food	1
筷子	kuàizi	chopsticks	1

买单	mǎi dān	settle the bill	1
馒头	mántou	mantou	1
米饭	mǐfàn	rice	1
面条	miàntiáo	noodle	1
请客	qǐngkè	stand treat	1
食品	shípǐn	food	1
食堂	shítáng	canteen	1
酸	suān	acid	1
特色菜	tèsècài	specialty	1
甜	tián	sweet	1
外卖	wàimài	take-out food	1
味道	wèidao	taste	1
西餐	xīcān	western food	1
咸	xián	salty	1
小费	xiǎofèi	tip	1
饮料	yǐnliào	drink	1
中餐	zhōngcān	Chinese food	1
中国菜	zhōngguócài	Chinese food	1
主食	zhǔshí	staple food	1
冰镇	bīngzhèn	ice	2
菜谱	càipǔ	menu	2
厨师	chúshī	cook	2
订座	dìngzuò	book a seat	2
付钱	fù qián	pay	2
结账	jiézhàng	settle accounts	2
辣	là	spicy	2
面食	miànshí	wheaten food	2

清淡	qīngdàn	(of food) not greasy or strongly flavoured	2
勺子	sháozi	spoon	2
送餐	sòngcān	delivery of meal	2
特色	tèsè	characteristic	2
味精	wèijīng	monosodium glutamate	2
习惯	xíguàn	habit	2
饮食	yǐnshí	diet	2
有名	yǒumíng	famous	2
做东	zuòdōng	play the host	2
菜系	càixì	cuisine	3
店铺	diànpù	shop	3
光顾	guānggù	patronize	3
酒量	jiǔliàng	capacity for liquor	3
老字号	lǎozìhao	time-honored brand	3
烹饪	pēngrèn	cook (dishes)	3

生活类—饮食—宴请及“餐桌”文化

安排	ānpái	arrange	1
干杯	gān bēi	drink a toast	1
请进	qǐng jìn	come in, please	1
上菜	shàng cài	serve the dishes	1
食物	shíwù	food	1
邀请	yāoqǐng	invite	1
用餐	yòngcān	have one's meal	1
座位	zuòwèi	seat	1
宾客	bīnkè	guest	2
餐具	cānjù	tableware	2
餐桌	cānzhuō	table	2
差异	chāyì	difference	2
场合	chǎnghé	occasion	2
迟到	chídào	be late	2
出席	chūxí	attend	2
丰盛	fēngshèng	sumptuous	2
讲究	jiǎngjiu	be particular about	2
接待	jiēdài	receive	2
进餐	jìncān	have a meal	2
敬酒	jìng jiǔ	toast	2
礼貌	lǐmào	politeness	2
礼品	lǐpǐn	gift	2
凉菜	liángcài	cold dish	2
落座	luòzuò	take a seat	2
请柬	qǐngjiǎn	invitation card	2

热菜	rècài	hot dish	2
身份	shēnfèn	identity	2
顺序	shùnxù	order	2
宴会	yànhuì	banquet	2
预约	yùyuē	make an appointment	2
正式	zhèngshì	formal	2
主菜	zhǔcài	main course	2
主客	zhǔkè	guest of honour	2
桌布	zhuōbù	tablecloth	2
尊重	zūnzhòng	respect	2
菜肴	càiyáo	dish	3
穿着	chuānzhuó	be dressed in	3
次序	cìxù	order	3
东道主	dōngdàozhǔ	host	3
赴宴	fùyàn	go to a feast	3
规矩	guīju	rule	3
好客	hàokè	be hospitable	3
禁忌	jìnjì	taboo	3
离席	líxí	leave the table or a meeting	3
礼仪	lǐyí	ceremony	3
邻座	línzuò	adjacent (or nearby) seat	3
女宾	nǚbīn	female guest	3
设宴	shèyàn	give a banquet	3
提议	tíyì	propose	3
外宾	wàibīn	foreign guest	3
席次	xícì	order of seats	3
宴请	yànqǐng	entertain	3

宴席	yànxí	banquet	3
饮酒	yǐn jiǔ	drink wine	3
主宾	zhǔbīn	guest of honour	3
祝酒词	zhùjiǔcí	toast	3
非正式	fēizhèngshì	informal	4
圆桌	yuánzhuō	round table	4
座次	zuòcì	seating plan	4

生活类—饮食—干杯、祝酒词

成功	chénggōng	succeed (in)	1
感谢	gǎnxiè	thank	1
干杯	gānbēi	drink a toast	1
各位	gèwèi	everybody	1
工作	gōngzuò	work	1
欢迎	huānyíng	welcome	1
酒吧	jiǔbā	bar	1
酒店	jiǔdiàn	hotel	1
万事如意	wànshì-rúyì	everything is as one wishes	1
相信	xiāngxìn	believe	1
谢谢	xièxie	thank you	1
支持	zhīchí	support	1
表示	biǎoshì	express	2
成绩	chéngjì	achievement	2
代表	dàibiǎo	represent	2
发展	fāzhǎn	develop	2
付出	fùchū	pay	2
共同	gòngtóng	common	2
合作	hézuò	cooperate	2
嘉宾	jiābīn	distinguished guest	2
建立	jiànlì	establish	2
健康	jiànkāng	health	2
酒杯	jiǔbēi	wine glass	2
举起	jǔqǐ	lift	2
美好	měihǎo	fine	2

努力	nǔlì	make an effort	2
全体	quántǐ	whole	2
热烈	rèliè	warm	2
认可	rènkě	approve	2
问候	wènhòu	send one's respects to	2
希望	xīwàng	hope	2
友谊	yǒuyì	friendship	2
允许	yǔnxǔ	allow	2
掌声	zhǎngshēng	applause	2
周年	zhōunián	anniversary	2
祝贺	zhùhè	congratulate	2
尊敬	zūnjìng	respect	2
诚挚	chéngzhì	sincere	3
回报	huíbào	return	3
来宾	láibīn	guest	3
深厚	shēnhòu	deep	3
由衷	yóuzhōng	sincere	3
预祝	yùzhù	wish	3
在座	zàizuò	present	3
招待	zhāodài	entertain	3
祝词	zhùcí	congratulations	3
欢聚一堂	huānjù-yītáng	happily gather under the same roof	4
联谊会	liányìhuì	friendship association	4
年会	niánhuì	annual meeting	4
亲临	qīnlín	come or go to a place personally	4

生活类—住宿—订房间

安排	ānpái	arrange	1
办理	bànlǐ	handle	1
单人床	dānrénchuáng	single bed	1
单人间	dānrénjiān	single room	1
电脑	diànnǎo	computer	1
饭店	fàndiàn	hotel	1
房费	fángfèi	room rate	1
房号	fánghào	room number	1
房价	fángjià	house price	1
房间	fángjiān	room	1
服务员	fúwùyuán	waiter	1
顾客	gùkè	customer	1
酒店	jiǔdiàn	hotel	1
客房	kèfáng	guest room	1
客人	kèrén	guest	1
联系	liánxì	contact	1
旅店	lǚdiàn	inn	1
前台	qiántái	front desk	1
取消	qǔxiāo	cancel	1
日期	rìqī	date	1
入住	rùzhù	move into	1
手续	shǒuxù	procedure	1
双人间	shuāngrénjiān	double room	1
套间	tàojiān	inner room	1
现金	xiànjīn	cash	1

要求	yāoqiú	require	1
标准房	biāozhǔnfáng	standard room	2
查看	chákàn	see about	2
订房	dìng fáng	book a room	2
建议	jiànyì	propose	2
接线员	jiēxiànyuán	telephone operator	2
楼层	lóucéng	floor	2
商务	shāngwù	business affairs	2
提供	tígōng	provide	2
退房	tuì fáng	check out	2
修改	xiūgǎi	modify	2
查找	cházhǎo	seek	3
订单	dìngdān	order	3
房型	fángxíng	type of (layout of) a house	3
更改	gēnggǎi	change	3
豪华	háohuá	luxurious	3
类型	lèixíng	type	3
套房	tàofáng	inner room	3
预订	yùdìng	book	3
预定	yùdìng	schedule	3
效劳	xiàoláo	serve	4
预留	yùliú	reserve	4

生活类—住宿—酒店服务

拨打	bōdǎ	dial	1
餐厅	cāntīng	restaurant	1
电话	diànhuà	telephone	1
服务	fúwù	service	1
服务员	fúwùyuán	waiter	1
顾客	gùkè	customer	1
国际长途	guójì chángtú	international long-distance (telephone) call	1
号码	hàomǎ	number	1
互联网	hùliánwǎng	internet	1
寄存处	jìcúnchù	checkroom	1
酒店	jiǔdiàn	hotel	1
免费	miǎnfèi	be free of charge	1
前台	qiántái	front desk	1
上网	shàngwǎng	access the Internet	1
停车场	tíngchēchǎng	car park	1
西餐厅	xīcāntīng	western restaurant	1
洗衣	xǐyī	wash clothes	1
洗衣房	xǐyīfáng	laundry	1
中餐厅	zhōngcāntīng	Chinese restaurant	1
按摩	ànmó	massage	2
餐饮	cānyǐn	food and beverage	2
隔音	géyīn	insulate against sound	2
会议	huìyì	meeting	2
健身	jiànshēn	improve one’s health	2

商务中心	shāngwù zhōngxīn	business centre	2
送餐	sòngcān	delivery of meal	2
提醒	tíxǐng	remind	2
无线上网	wúxiàn shàngwǎng	wireless internet	2
娱乐	yúlè	amuse	2
保险柜	bǎoxiǎnguì	safe	3
会议厅	huìyìtīng	conference hall	3
棋牌	qípái	chess and card	3
容纳	róngnà	accommodate	3
设施	shèshī	facilities	3
停车位	tíngchēwèi	parking space	3
外线	wàixiàn	outside line	4
资费	zīfèi	postage	4

生活类—住宿—酒店简介

乘坐	chéngzuò	ride	1
出租车	chūzūchē	taxi	1
传真	chuánzhēn	fax	1
到达	dàodá	arrive	1
方便	fāngbiàn	convenient	1
公里	gōnglǐ	kilometre	1
环境	huánjìng	environment	1
交通	jiāotōng	traffic	1
客房	kèfáng	guest room	1
空调	kōngtiáo	air conditioner	1
商业	shāngyè	business	1
便利	biànlì	facilitate	2
宾客	bīnkè	guest	2
步行	bùxíng	walk	2
高层	gāocéng	high-rise	2
高档	gāodàng	high-grade	2
高级	gāojí	senior	2
管理	guǎnlǐ	manage	2
简介	jiǎnjiè	brief introduction	2
距离	jùlí	distance	2
空间	kōngjiān	space	2
美食	měishí	delicious food	2
配备	pèibèi	equip	2
配套	pèitào	coordinate	2
齐全	qíquán	complete	2

商务	shāngwù	business affairs	2
设计	shèjì	design	2
舒适	shūshì	comfortable	2
特色	tèsè	characteristic	2
位于	wèiyú	be located	2
星级	xīngjí	star [used in ranking hotels]	2
拥有	yōngyǒu	have	2
装修	zhuāngxiū	renovate	2
车程	chēchéng	distance covered by a car in a certain period of time	3
繁华	fánhuá	bustling	3
豪华	háohuá	luxurious	3
快捷	kuàijié	quick	3
设施	shèshī	facilities	3
周边	zhōubiān	neighbouring area	3
毗邻	pílín	be adjacent to	4

生活类—住宿—旅客登记、退房

办理	bànlǐ	handle	1
标准间	biāozhǔnjiān	standard room	1
出示	chūshì	show	1
登记	dēngjì	register	1
房号	fánghào	room number	1
房卡	fángkǎ	room card	1
服务员	fúwùyuán	waiter	1
复印	fùyìn	copy	1
顾客	gùkè	customer	1
护照	hùzhào	passport	1
欢迎	huānyíng	welcome	1
检查	jiǎnchá	inspect	1
客人	kèrén	guest	1
旅行支票	lǚxíng zhīpiào	traveler's cheque	1
旅客	lǚkè	passenger	1
签证	qiānzhèng	visa	1
签字	qiānzì	sign	1
入住	rùzhù	move into	1
刷卡	shuākǎ	pay by card	1
填写	tiánxiě	fill in	1
现金	xiànjīn	cash	1
信用卡	xìnyòngkǎ	credit card	1
押金	yājīn	deposit	1
账单	zhàngdān	bill	1
证件	zhèngjiàn	certificate	1

住宿	zhùsù	get accommodation	1
餐券	cānquàn	meal coupon	2
登记表	dēngjìbiǎo	registration form	2
发票	fāpiào	invoice	2
服务台	fúwùtái	service desk	2
付账	fùzhàng	pay（a bill）	2
光临	guānglín	be present	2
惠顾	huìgù	patronage	2
寄存	jìcún	deposit	2
接待	jiēdài	receive	2
结账	jiézhàng	settle accounts	2
签名	qiānmíng	sign	2
退房	tuì fáng	check out	2
愉快	yúkuài	happy	2
总计	zǒngjì	amount to	2
核对	héduì	check	3
门童	méntóng	doorman	3
收据	shōujù	receipt	3
预定	yùdìng	schedule	3
预付	yùfù	pay in advance	4

生活类—住宿—租房、购房

便宜	piányi	cheap	1
车位	chēwèi	parking space	1
出租	chūzū	lease	1
厨房	chúfáng	kitchen	1
电器	diànqì	electric appliance	1
电梯	diàntī	elevator	1
房东	fángdōng	landlord or landlady	1
房价	fángjià	house price	1
房屋	fángwū	house	1
房租	fángzū	house rent	1
环境	huánjìng	environment	1
家具	jiājù	furniture	1
价钱	jiàqián	price	1
客厅	kètīng	drawing room	1
满意	mǎnyì	be satisfied	1
平方米	píngfāngmǐ	square meter	1
市区	shìqū	urban district	1
卫生间	wèishēngjiān	toilet	1
卧室	wòshì	bedroom	1
小区	xiǎoqū	housing estate	1
住房	zhùfáng	housing	1
租	zū	rent	1
租房	zū fáng	renting a house	1
租金	zūjīn	rent	1
别墅	biéshù	villa	2

车库	chēkù	garage	2
城区	chéngqū	city proper	2
房主	fángzhǔ	house owner	2
合同	hétong	contract	2
合租	hézū	rent jointly	2
居民	jūmín	resident	2
居住	jūzhù	live	2
看房	kàn fáng	see the apartment	2
物业	wùyè	property	2
写字楼	xiězìlóu	office building	2
业主	yèzhǔ	owner (of an enterprise, estate, etc)	2
治安	zhì'ān	public security	2
中介	zhōngjiè	intermediary	2
装修	zhuāngxiū	renovate	2
租户	zūhù	tenant	2
搬迁	bānqiān	move	3
包租	bāozū	charter	3
房贷	fángdài	housing loan	3
房地产	fángdìchǎn	real estate	3
房市	fángshì	housing market	3
户型	hùxíng	type of layout of an apartment	3
经济适用房	jīngjì shìyòngfáng	economy house	3
开发商	kāifāshāng	developer	3
楼盘	lóupán	commercial building being built or sold	3
楼市	lóushì	real-estate market	3

面议	miànyì	negotiate face to face	3
热卖	rèmài	sell well	3
商品房	shāngpǐnfáng	commercial housing	3
售价	shòujià	(selling) price	3
现房	xiànfáng	ready house	3
协议	xiéyì	agreement	3
招租	zhāozū	be for rent	3
租赁	zūlìn	lease	3
承租	chéngzū	undertake to lease	4
地产	dìchǎn	land property	4
地产税	dìchǎnshuì	land tax	4
地价	dìjià	land price	4
地租	dìzū	land rent	4
房契	fángqì	title deed (for a house)	4
房源	fángyuán	house or apartments for rent or sale	4
房展	fángzhǎn	housing exhibition	4
业务员	yèwùyuán	salesman	4
租期	zūqī	tenancy term	4
租约	zūyuē	lease	4

业务类—待遇—工资、奖金

补贴	bǔtiē	subsidize	2
待遇	dàiyù	treatment	2
工资	gōngzī	wage	2
加班	jiābān	work overtime	2
奖金	jiǎngjīn	bonus	2
奖励	jiǎnglì	reward	2
考勤	kǎoqín	check on work attendance	2
前途	qiántú	future	2
试用期	shìyòngqī	probation period	2
薪水	xīnshui	salary	2
值班	zhíbān	be on duty	2
报酬	bàochou	remuneration	3
底薪	dǐxīn	basic salary	3
额外	éwài	additional	3
分红	fēnhóng	distribute bonus	3
分配	fēnpèi	distribute	3
高薪	gāoxīn	high salary	3
工资单	gōngzīdān	payroll	3
计时	jìshí	reckon by time	3
加薪	jiāxīn	boost the salary	3
津贴	jīntiē	allowance	3
年薪	niánxīn	annual salary	3
期望	qīwàng	expect	3
升职	shēngzhí	promote	3
退休金	tuìxiūjīn	pension	3

薪酬	xīnchóu	emolument	3
业绩	yèjì	achievement	3
月工资	yuè gōngzī	monthly wage	3
月薪	yuèxīn	monthly salary	3
支票	zhīpiào	check	3
职位	zhíwèi	position	3
包工头	bāogōngtóu	labour contractor	4
高温补贴	gāowēn bǔtiē	high-temperature subsidy	4
工龄	gōnglíng	working years	4
工钱	gōngqian	money paid for odd jobs	4
工时	gōngshí	working hours	4
工资制	gōngzīzhì	wage system	4
计件	jìjiàn	reckon by the piece	4
计件工资	jìjiàn gōngzī	piecework wage	4
计时工资	jìshí gōngzī	time wage	4
绩效	jìxiào	achievement	4
加班工资	jiābān gōngzī	overtime pay	4
年金	niánjīn	annuity	4
起薪	qǐxīn	starting salary	4
提成	tíchéng	draw a percentage (from a sum of money, etc)	4
物价补贴	wùjià bǔtiē	price subsidy	4
销售额	xiāoshòu'é	sales volume	4
薪金	xīnjīn	salary	4
薪资	xīnzī	salary	4

业务类—待遇—休假

安排	ānpái	arrange	1
假期	jiàqī	vacation	1
休息	xiūxi	rest	1
出游	chūyóu	go on a sightseeing tour	2
放松	fàngsōng	relax	2
规定	guīdìng	stipulate	2
缓解	huǎnjiě	subside	2
权利	quánlì	right	2
申请	shēnqǐng	apply for	2
退休	tuìxiū	retire	2
享受	xiǎngshòu	enjoy	2
休假	xiūjià	take a vacation	2
休息日	xiūxirì	day off	2
长假	chángjià	long leave of absence	2
制度	zhìdù	system	2
度假	dùjià	go on vacation	3
年假	niánjià	annual leave	3
疲劳	píláo	fatigue	3
实行	shíxíng	put into practice	3
带薪	dàixīn	be paid (for doing sth. other than work)	4
工龄	gōnglíng	working years	4
工休	gōngxiū	have a regular holiday	4
劳动法	láodòngfǎ	labour law	4
条例	tiáolì	regulation	4

业务类—待遇—请假

签字	qiānzì	sign	1
请假	qǐngjià	ask for leave	1
请假条	qǐngjiàtiáo	written request for leave	1
取消	qǔxiāo	cancel	1
手续	shǒuxù	procedure	1
医院	yīyuàn	hospital	1
病假	bìngjià	sick leave	2
及时	jíshí	timely	2
理由	lǐyóu	reason	2
批准	pīzhǔn	approve	2
申请	shēnqǐng	apply for	2
事假	shìjià	leave of absence	2
事先	shìxiān	prior to	2
无故	wúgù	without cause or reason	2
休假	xiūjià	take a vacation	2
证明	zhèngmíng	prove	2
产假	chǎnjià	maternity leave	3
出具	chūjù	produce	3
公事	gōngshì	official business	3
婚假	hūnjià	wedding leave	3
扣除	kòuchú	deduct	3
缺席	quēxí	be absent	3
审批	shěnpī	examine and approve	3
报批	bàopī	report for approval	4
备案	bèi'àn	put on record	4

旷工	kuànggōng	be absent from work	4
请示	qǐngshì	ask for instructions	4
全勤	quánqín	full attendance during a certain period	4
丧假	sāngjià	bereavement leave	4
事由	shìyóu	origin of an incident	4
销假	xiāojià	report one's return from a leave	4
逾期	yúqī	be overdue	4

业务类—工商税务—登记

办理	bànlǐ	handle	1
登记	dēngjì	register	1
复印件	fùyìnjiàn	photocopy	1
证件	zhèngjiàn	certificate	1
从事	cóngshì	be engaged in	2
登记表	dēngjìbiǎo	registration form	2
登记费	dēngjìfèi	registration fee	2
发票	fāpiào	invoice	2
个体	gètǐ	individual	2
规定	guīdìng	stipulate	2
合同	hétóng	contract	2
机关	jīguān	office	2
经营	jīngyíng	plan and manage	2
领取	lǐngqǔ	receive	2
纳税	nàshuì	pay taxes	2
批准	pīzhǔn	approve	2
申请	shēnqǐng	apply for	2
提供	tígōng	provide	2
提交	tíjiāo	submit to	2
义务	yìwù	obligation	2
原件	yuánjiàn	original manuscript	2
证明	zhèngmíng	prove	2
资料	zīliào	data	2
变更	biàngēng	change	3
工本费	gōngběnfèi	cost (of production)	3

缴纳	jiǎonà	pay	3
签署	qiānshǔ	sign	3
审定	shěndìng	finalize	3
受理	shòulǐ	accept and attend to	3
征收	zhēngshōu	collect	3
法人	fǎrén	legal person	4
副本	fùběn	copy	4
个体工商户	gètǐ gōngshānghù	individual industrial and commercial entity	4
工商管理	gōngshāng guǎnlǐ	business administration	4
公章	gōngzhāng	official seal	4
换证	huàn zhèng	renew credentials	4
遗失	yíshī	lose	4
营业执照	yíngyè zhízhào	business license	4
注销	zhùxiāo	cancel	4

业务类—工商税务—年检

办理	bànlǐ	handle	1
单位	dānwèi	(work) unit	1
登记	dēngjì	register	1
证件	zhèngjiàn	certificate	1
部门	bùmén	department	2
材料	cáiliào	material	2
撤销	chèxiāo	revoke	2
处罚	chǔfá	punish	2
罚款	fákuǎn	fine	2
公告	gōnggào	notice	2
规定	guīdìng	stipulate	2
合格	hégé	qualified	2
机构	jīgòu	organization	2
机关	jīguān	office	2
经营	jīngyíng	plan and manage	2
年度	niándù	year	2
企业	qǐyè	enterprise	2
提交	tíjiāo	submit to	2
吊销	diàoxiāo	revoke	3
检验	jiǎnyàn	test	3
涉及	shèjí	involve	3
受理	shòulǐ	accept and attend to	3
税务	shuìwù	taxation affairs	3
依法	yīfǎ	base on the law	3
有效期	yǒuxiàoqī	term of validity	3

执照	zhízhào	license	3
备案	bèi'àn	put on record	4
立案	lì'àn	put on record	4
隶属	lìshǔ	be subordinate to	4
年检	niánjiǎn	implement annual inspection	4
清查	qīngchá	check	4
清产核资	qīngchǎn hézī	make an inventory of one's assets and liabilities	4
条例	tiáolì	regulation	4
限期	xiànqī	set a time limit	4
逾期	yúqī	be overdue	4
责令	zélìng	order	4

业务类—工商税务—税收

费用	fèiyong	cost	1
工资	gōngzī	wage	2
利润	lìrùn	profit	2
纳税	nàshuì	pay taxes	2
企业	qǐyè	enterprise	2
税	shuì	tax	2
营业	yíngyè	do business	2
关税	guānshuì	tariff	3
缴纳	jiǎonà	pay	3
扣除	kòuchú	deduct	3
数额	shù'é	amount	3
税收	shuìshōu	revenue（from tax）	3
税务	shuìwù	taxation affairs	3
消费者	xiāofèizhě	consumer	3
盈利	yínglì	profit	3
转让	zhuǎnràng	transfer the ownership of	3
租赁	zūlìn	lease	3
保税区	bǎoshuìqū	bonded area	4
补税	bǔ shuì	pay the tax that is overdue or evaded	4
财会	cáikuài	finance and accounting	4
财税	cáishuì	finance and taxation	4
出口退税	chūkǒu tuìshuì	export tax rebate	4
地税	dìshuì	local tax	4
定额	dìng'é	set a quota	4

附加税	fùjiāshuì	surtax	4
个税	gèshuì	personal income tax	4
国税	guóshuì	state tax	4
合理避税	hélǐ bìshuì	reasonably avoid a tax	4
减除	jiǎnchú	subtract	4
减税	jiǎnshuì	reduce taxation	4
交税	jiāoshuì	pay taxes	4
交易税	jiāoyìshuì	transaction tax	4
课税	kèshuì	tax	4
利税	lìshuì	profit and tax	4
利息税	lìxīshuì	interest tax	4
漏税	lòushuì	evade taxation	4
免税	miǎnshuì	exempt from taxation	4
免征	miǎnzhēng	be exempt from taxation	4
骗税	piànshuì	cheat on tax	4
契据	qìjù	deed	4
契税	qìshuì	deed tax	4
欠缴	qiànjiǎo	be behind in payment	4
欠税	qiànshuì	owing taxes	4
上税	shàngshuì	pay taxes	4
收税	shōushuì	collect taxes	4
税单	shuìdān	tax receipt	4
税额	shuì'é	amount of tax	4
税法	shuìfǎ	tax law	4
税后	shuìhòu	after tax	4
税款	shuìkuǎn	tax payment	4
税率	shuìlǜ	tax rate	4

税目	shuìmù	tax item	4
税前	shuìqián	before tax	4
税务局	shuìwùjú	tax bureau	4
税源	shuìyuán	tax source	4
税制	shuìzhì	tax system	4
税种	shuìzhǒng	items of taxation	4
所得	suǒdé	income	4
所得税	suǒdéshuì	income tax	4
逃税	táoshuì	evade a tax	4
调节税	tiáojiéshuì	regulatory tax	4
偷税	tōushuì	evade taxes	4
退税	tuìshuì	refund a tax	4
完税	wánshuì	pay tax	4
消费税	xiāofèishuì	consumption tax	4
印花税	yìnhuāshuì	stamp duty	4
营业税	yíngyèshuì	business tax	4
增值税	zēngzhíshuì	value added tax	4
征税	zhēng shuì	collect taxes	4
追缴	zhuījiǎo	demand payment (of tax arrears, etc)	4

业务类—工商税务—财务审计

费用	fèiyong	cost	1
采购	cǎigòu	purchase	2
公布	gōngbù	publish	2
会计	kuàijì	accounting	2
季度	jìdù	quarter	2
开支	kāizhī	pay (expenses)	2
目标	mùbiāo	target	2
破产	pòchǎn	bankruptcy	2
调整	tiáozhěng	adjust	2
同期	tóngqī	same period	2
项目	xiàngmù	project	2
业务	yèwù	business	2
账簿	zhàngbù	account book	2
财务	cáiwù	financial affairs	3
合并	hébìng	merge	3
核对	héduì	check	3
款项	kuǎnxiàng	sum of money	3
凭证	píngzhèng	voucher	3
清账	qīngzhàng	clear an account	3
效益	xiàoyì	benefit	3
预算	yùsuàn	budget	3
运营	yùnyíng	operate	3
账本	zhàngběn	account book	3
资产	zīchǎn	assets	3
总账	zǒngzhàng	general ledger	3

报表	bàobiǎo	forms to report statistics	4
查核	cháhé	check	4
查账	cházhàng	audit accounts	4
对账	duìzhàng	check accounts	4
负债	fùzhài	be in debt	4
核定	hédìng	check and ratify	4
计入	jìrù	reckon in	4
假账	jiǎzhàng	false accounts	4
毛利润	máolìrùn	gross profit	4
明细	míngxì	definite and detailed	4
明细账	míngxìzhàng	subsidiary ledger	4
票据	piàojù	bill	4
审计	shěnjì	audit	4
摊销	tānxiāo	amortize	4
往来账	wǎngláizhàng	current account	4
无形资产	wúxíng zīchǎn	intangible assets	4
账务	zhàngwù	accounting	4
折旧	zhéjiù	depreciate	4

业务类—海关—申报

办理	bànlǐ	handle	1
超过	chāoguò	exceed	1
出口	chūkǒu	export	1
登记	dēngjì	register	1
海关	hǎiguān	customs	1
进口	jìnkǒu	import	1
申报	shēnbào	declare	1
手续	shǒuxù	procedure	1
填写	tiánxiě	fill in	1
程序	chéngxù	procedure	2
出境	chūjìng	exit	2
出入境	chū-rùjìng	entry and exit	2
符合	fúhé	accord with	2
规定	guīdìng	stipulate	2
经营	jīngyíng	plan and manage	2
批准	pīzhǔn	approve	2
渠道	qúdào	channel	2
通道	tōngdào	passageway	2
制度	zhìdù	system	2
盖章	gài zhāng	set a seal	3
关税	guānshuì	tariff	3
货物	huòwù	goods	3
监管	jiānguǎn	supervise	3
检验	jiǎnyàn	test	3
进出口	jìn-chūkǒu	import and export	3

审核	shěnhé	examine and verify	3
实施	shíshī	implement	3
许可证	xǔkězhèng	licence	3
报表	bàobiǎo	forms to report statistics	4
报关	bàoguān	declare (at customs)	4
报关行	bàoguānháng	customs broker	4
报税	bàoshuì	declare dutiable goods	4
报税单	bàoshuìdān	tax declaration form	4
报验	bàoyàn	apply for inspection	4
查验	cháyàn	check	4
海关总署	hǎiguān zǒngshǔ	customs head office	4
检疫	jiǎnyì	quarantine	4
进出境	jìn-chūjìng	entry and exit	4
口岸	kǒu'àn	port	4
签发	qiānfā	sign and issue	4
商检	shāngjiǎn	commodity inspection	4
通关	tōngguān	clear sth through customs	4
征税	zhēngshuì	collect taxes	4

业务类—海关—查验

安检	ānjiǎn	security check	1
打开	dǎkāi	open	1
电脑	diànnǎo	computer	1
海关	hǎiguān	customs	1
护照	hùzhào	passport	1
检查	jiǎnchá	inspect	1
申报	shēnbào	declare	1
箱子	xiāngzi	chest	1
危险品	wēixiǎnpǐn	dangerous goods	2
违规	wéiguī	break the rules	3
报关	bàoguān	declare (at customs)	4
报审	bàoshěn	report to higher authorities for examination	4
查验	cháyàn	check	4
抽查	chōuchá	spot-check	4
复验	fùyàn	reinspect	4
交税	jiāoshuì	pay taxes	4
通关	tōngguān	clear sth through customs	4

业务类—会见—欢迎

安排	ānpái	arrange	1
参加	cānjiā	participate in	1
高兴	gāoxìng	happy	1
欢迎	huānyíng	welcome	1
见面	jiànmiàn	meet	1
介绍	jièshào	introduce	1
举行	jǔxíng	hold	1
礼物	lǐwù	gift	1
名片	míngpiàn	business card	1
请坐	qǐng zuò	sit down, please	1
热情	rèqíng	enthusiasm	1
双方	shuāngfāng	both sides	1
顺利	shùnlì	smooth	1
晚点	wǎndiǎn	be late	1
握手	wòshǒu	shake hands	1
行李	xíngli	luggage	1
休息	xiūxi	rest	1
邀请	yāoqǐng	invite	1
迎接	yíngjiē	meet	1
准备	zhǔnbèi	get ready	1
按时	ànshí	on time	2
不客气	bù kèqi	you are welcome	2
出席	chūxí	attend	2
代表	dàibiǎo	represent	2
到来	dàolái	arrive	2

光临	guānglín	be present	2
举办	jǔbàn	hold	2
临时	línshí	temporary	2
盼望	pànwàng	look forward to	2
亲自	qīnzì	personally	2
认识	rènshi	know	2
问候	wènhòu	send one's respects to	2
下榻	xiàtà	stay at	2
幸会	xìnghuì	be honoured to meet	2
初次	chūcì	first time	3
关照	guānzhào	take care of	3
贵宾	guìbīn	distinguished guest	3
会面	huìmiàn	meet	3
莅临	lìlín	be present in person	3
日程	rìchéng	schedule	3
设宴	shèyàn	give a banquet	3
时差	shíchā	time difference	3
印象	yìnxiàng	impression	3
周到	zhōudào	thoughtful	3

业务类—会见—介绍

欢迎	huānyíng	welcome	1
介绍	jièshào	introduce	1
联系	liánxì	contact	1
满意	mǎnyì	be satisfied	1
请坐	qǐng zuò	sit down, please	1
顺利	shùnlì	smooth	1
厂长	chǎngzhǎng	factory manager	2
称呼	chēnghu	call	2
沟通	gōutōng	connect	2
了解	liǎojiě	understand	2
认识	rènshi	know	2
总裁	zǒngcái	company president	2
总经理	zǒngjīnglǐ	general manager	2
董事	dǒngshì	director	3
董事长	dǒngshìzhǎng	chairman	3
贵宾	guìbīn	distinguished guest	3
会见	huìjiàn	meet with	3
会谈	huìtán	talk	3
会议室	huìyìshì	conference room	3
洽谈	qiàtán	negotiate	3
推荐	tuījiàn	recommend	3
引入	yǐnrù	introduce from elsewhere	3
自我	zìwǒ	self	3
自我介绍	zìwǒ jièshào	introduce oneself to	3
介绍人	jièshàorén	introducer	4
介绍信	jièshàoxìn	letter of introduction	4

业务类—会见—寒暄、赞美

感谢	gǎnxiè	thank	1
高兴	gāoxìng	happy	1
贵姓	guìxìng	(your)surname	1
欢迎	huānyíng	welcome	1
客人	kèrén	guest	1
热情	rèqíng	enthusiasm	1
顺利	shùnlì	smooth	1
握手	wòshǒu	shake hands	1
表现	biǎoxiàn	display	2
不敢当	bùgǎndāng	[used in response to a compliment or a generous treatment] I really don’t deserve this	2
场合	chǎnghé	occasion	2
打扰	dǎrǎo	disturb	2
交际	jiāojì	associate	2
久仰	jiǔyǎng	have long been looking forward to meeting sb	2
客套话	kètàohuà	polite expressions	2
礼貌	lǐmào	politeness	2
良好	liánghǎo	good	2
轻松	qīngsōng	relaxed	2
微笑	wēixiào	smile	2
问候	wènhòu	send one’s respects to	2
幸会	xìnghuì	be honoured to meet	2
应酬	yìngchou	engage in social activities	2
愉快	yúkuài	happy	2

初次	chūcì	first time	3
打招呼	dǎ zhāohu	say hello	3
恭维	gōngwéi	compliment	3
寒暄	hánxuān	exchange greetings	3
夸赞	kuāzàn	praise	3
乐意	lèyì	be willing (to do sth)	3
礼仪	lǐyí	ceremony	3
佩服	pèifú	admire	3
赞美	zànměi	praise	3
真诚	zhēnchéng	sincere	3
周到	zhōudào	thoughtful	3
仰慕	yǎngmù	admire	4

业务类—会见—了解情况

打算	dǎsuàn	plan	1
地址	dìzhǐ	address	1
联系	liánxì	contact	1
完成	wánchéng	complete	1
办事	bànshì	deal with affairs	2
成立	chénglì	establish	2
关系	guānxì	relationship	2
行业	hángyè	industry	2
合作	hézuò	cooperate	2
简介	jiǎnjiè	brief introduction	2
交流	jiāoliú	interchange	2
经验	jīngyàn	experience	2
了解	liǎojiě	understand	2
熟悉	shúxi	be familiar with	2
讨论	tǎolùn	discuss	2
项目	xiàngmù	project	2
询问	xúnwèn	enquire	2
前景	qiánjǐng	prospect	3
日程安排	rìchéng ānpái	schedule	3
设立	shèlì	establish	3

业务类—考察—参观

工厂	gōngchǎng	factory	1
公司	gōngsī	company	1
环境	huánjìng	environment	1
情况	qíngkuàng	situation	1
参观	cānguān	visit	2
仓库	cāngkù	warehouse	2
产量	chǎnliàng	yield	2
成品	chéngpǐn	finished product	2
访问	fǎngwèn	visit	2
合作	hézuò	cooperate	2
加工	jiāgōng	process	2
考察	kǎochá	inspect	2
了解	liǎojiě	understand	2
陪同	péitóng	accompany	2
配套	pèitào	coordinate	2
设备	shèbèi	equipment	2
生产	shēngchǎn	produce	2
先进	xiānjìn	advanced	2
车间	chējiān	workshop	3
会客室	huìkèshì	reception room	3
开发区	kāifāqū	development area	3
流程	liúchéng	technological process	3
效率	xiàolǜ	efficiency	3
原材料	yuáncáiliào	raw material	3
职工	zhígōng	workers and staff	3
生产线	shēngchǎnxiàn	production line	4

业务类—考察—了解公司情况

办事处	bànshìchù	office	2
部门	bùmén	department	2
产品	chǎnpǐn	product	2
规模	guīmó	scale	2
简介	jiǎnjiè	brief introduction	2
设备	shèbèi	equipment	2
知名	zhīmíng	well-known	2
财务	cáiwù	financial affairs	3
创始	chuàngshǐ	initiate	3
分店	fēndiàn	branch	3
分公司	fēngōngsī	branch office	3
规划	guīhuà	map out a plan	3
行政	xíngzhèng	administration	3
汇报	huìbào	report	3
建筑面积	jiànzhù miànjī	floorage	3
连锁	liánsuǒ	chain	3
设立	shèlì	establish	3
销售	xiāoshòu	sell	3
运营	yùnyíng	operate	3
占地	zhàndì	covers an area of	3
坐落	zuòluò	be located	3
生产线	shēngchǎnxiàn	production line	4
事业部	shìyèbù	business department	4
营销部	yíngxiāobù	marketing department	4

业务类—考察—了解产品、产品前景分析及市场调查

比较	bǐjiào	compare	1
市场	shìchǎng	market	1
比重	bǐzhòng	proportion	2
产品	chǎnpǐn	product	2
潮流	cháoliú	trend	2
成熟	chéngshú	mature	2
方面	fāngmiàn	aspect	2
风格	fēnggé	style	2
改善	gǎishàn	improve	2
购买	gòumǎi	purchase	2
经营	jīngyíng	plan and manage	2
客户	kèhù	customer	2
品牌	pǐnpái	brand name	2
品质	pǐnzhì	quality	2
上市	shàngshì	list	2
生产	shēngchǎn	produce	2
说明书	shuōmíngshū	instructions	2
调查	diàochá	investigate	2
同期	tóngqī	same period	2
显示	xiǎnshì	display	2
消费	xiāofèi	consume	2
兴旺	xīngwàng	prosperous	2
需求	xūqiú	demand	2
优点	yōudiǎn	advantage	2
增长	zēngzhǎng	increase	2

案例	ànlì	case	3
参照	cānzhào	refer to	3
畅销	chàngxiāo	sell well	3
档次	dàngcì	grade	3
对策	duìcè	counter-measure	3
份额	fèn'é	share	3
复苏	fùsū	recovery	3
规格	guīgé	specifications	3
过时	guòshí	out-of-date	3
加盟	jiāméng	join	3
口碑	kǒubēi	public praise	3
趋势	qūshì	trend	3
销售	xiāoshòu	sell	3
形势	xíngshì	situation	3
样品	yàngpǐn	sample	3
预期	yùqī	expect	3
总额	zǒng'é	total amount	3
走俏	zǒuqiào	sell well	3
报价	bàojià	make an offer	4
供过于求	gōng guò yú qiú	supply exceeds demand	4
供货商	gōnghuòshāng	supplier	4
供求关系	gōngqiú guānxì	relation between supply and demand	4
供求平衡	gōng-qiú pínghéng	balance between supply and demand	4
供需	gōngxū	supply and demand	4
加盟商	jiāméngshāng	franchisee	4

品牌价值	pǐnpái jiàzhí	brand value	4
评级	píngjí	grade	4
市场占有率	shìchǎng zhànyǒulǜ	market share	4

业务类—考察—会展

举行	jǔxíng	hold	1
商品	shāngpǐn	commodity	1
闭幕	bìmù	close	2
布置	bùzhì	arrange	2
采购	cǎigòu	purchase	2
参观	cānguān	visit	2
场地	chǎngdì	field	2
承办	chéngbàn	undertake	2
举办	jǔbàn	hold	2
特卖	tèmài	special sales	2
现场	xiànchǎng	scene	2
宣传	xuānchuán	propagate	2
展览	zhǎnlǎn	exhibit	2
展示	zhǎnshì	display	2
主题	zhǔtí	theme	2
博览会	bólǎnhuì	exposition	3
参会	cānhuì	attend a meeting	3
参展	cānzhǎn	participate in an exhibition	3
厂商	chǎngshāng	manufacturer	3
车展	chēzhǎn	car exhibition	3
广交会	guǎngjiāohuì	Guangzhou Chinese Export Commodities Fair	3
会场	huìchǎng	conference hall	3
会展	huìzhǎn	exhibition	3
商家	shāngjiā	merchant	3

邀请函	yāoqǐnghán	invitation	3
预订	yùdìng	book	3
展出	zhǎnchū	exhibit	3
展馆	zhǎnguǎn	exhibition hall	3
展会	zhǎnhuì	exhibition	3
展览会	zhǎnlǎnhuì	exhibition	3
展览厅	zhǎnlǎntīng	exhibition hall	3
展区	zhǎnqū	display area	3
展台	zhǎntái	booth	3
展厅	zhǎntīng	exhibition hall	3
展销会	zhǎnxiāohuì	commodities fair	3
参展商	cānzhǎnshāng	exhibitor	4
陈列	chénliè	display	4
代理商	dàilǐshāng	agent	4
交易会	jiāoyìhuì	trade fair	4
世博会	shìbóhuì	World Expo	4
展品	zhǎnpǐn	exhibit	4
展销	zhǎnxiāo	display and sell	4

业务类—考察—地域经济、文化

比例	bǐlì	proportion	2
国产	guóchǎn	domestic	2
影响	yǐngxiǎng	affect	2
改革	gǎigé	reform	3
改革开放	gǎigé kāifàng	reform and open to the outside world	3
劳动力	láodònglì	labour	3
私有	sīyǒu	hold as private	3
淘汰	táotài	fall into disuse	3
特产	tèchǎn	specialty	3
效益	xiàoyì	benefit	3
制定	zhìdìng	formulate	3
资产	zīchǎn	assets	3
本土化	běntǔhuà	localize	4
粗放	cūfàng	extensive	4
个体经济	gètǐ jīngjì	individual economy	4
股份制	gǔfènzhì	share-holding system	4
国营	guóyíng	state-run	4
国有企业	guóyǒu qǐyè	state-owned enterprise	4
经济效益	jīngjì xiàoyì	economic performance	4
景气	jǐngqì	boom	4
跨国企业	kuàguó qǐyè	transnational enterprise	4
企业法	qǐyèfǎ	enterprise law	4
区域经济	qūyù jīngjì	regional economy	4
涉外	shèwài	concerning foreign affairs or foreign nationals	4

私营经济	sīyíng jīngjì	private sector of the economy	4
外汇管理	wàihuì guǎnlǐ	foreign exchange control	4
文化节	wénhuàjié	cultural festival	4
转型	zhuǎnxíng	transform	4

业务类—联系—电话应答

办公室	bàngōngshì	office	1
抱歉	bàoqiàn	be sorry	1
拨打	bōdǎ	dial	1
电话	diànhuà	telephone	1
短信	duǎnxìn	short message	1
方便	fāngbiàn	convenient	1
国际长途	guójì chángtú	international long-distance (telephone) call	1
号码	hàomǎ	number	1
接听	jiētīng	answer (the phone)	1
留言	liúyán	leave a message	1
前台	qiántái	front desk	1
请问	qǐng wèn	excuse me	1
手机	shǒujī	mobile phone	1
谢谢	xièxie	thank you	1
再见	zàijiàn	goodbye	1
接线员	jiēxiànyuán	telephone operator	2
恐怕	kǒngpà	for fear of	2
秘书	mìshū	secretary	2
应答	yìngdá	answer	2
预约	yùyuē	make an appointment	2
占线	zhànxiàn	(of a telephone line) be busy	2
长途	chángtú	long-distance (telephone) call	2
转告	zhuǎngào	pass on (a message)	2

转接	zhuǎnjiē	transfer	2
口信	kǒuxìn	oral message	3
移动电话	yídòng diànhuà	mobile phone	3

业务类—联系—会议及日程安排

安排	ānpái	arrange	1
参加	cānjiā	participate in	1
开会	kāihuì	attend a meeting	1
出差	chūchāi	be away on official business	2
会议	huìyì	meeting	2
接待	jiēdài	receive	2
考察	kǎochá	inspect	2
讨论	tǎolùn	discuss	2
召开	zhàokāi	convene	2
筹备	chóubèi	prepare	3
筹划	chóuhuà	plan and prepare	3
繁忙	fánmáng	busy	3
会谈	huìtán	talk	3
洽谈	qiàtán	negotiate	3
日程	rìchéng	schedule	3
议程	yìchéng	agenda	3
游览	yóulǎn	go sightseeing	3
逗留	dòuliú	stay	4
研讨会	yántǎohuì	workshop	4

业务类—联系—留言

电话	diànhuà	telephone	1
来电	láidiàn	call	1
联系	liánxì	contact	1
留言	liúyán	leave a message	1
日期	rìqī	date	1
时间	shíjiān	time	1
事情	shìqing	affair	1
通知	tōngzhī	notice	1
重要	zhòngyào	important	1
便条	biàntiáo	note	2
称呼	chēnghu	call	2
传达	chuándá	convey	2
等候	děnghòu	wait for	2
回电	huídiàn	wire back	2
记录	jìlù	record	2
留言条	liúyántiáo	message note	2
签名	qiānmíng	sign	2
外出	wàichū	go out	2
准时	zhǔnshí	on time	2
告知	gàozhī	inform	3
格式	géshi	format	3
署名	shǔmíng	put one’s signature to	4

业务类—联系—电子邮件、便条、商业信函、传真

传真	chuánzhēn	fax	1
打印	dǎyìn	print	1
电子邮件	diànzǐ yóujiàn	e-mail	1
关于	guānyú	about	1
日期	rìqī	date	1
商品	shāngpǐn	commodity	1
邮件	yóujiàn	mail	1
邮政	yóuzhèng	postal service	1
账户	zhànghù	account	1
便条	biàntiáo	note	2
标题	biāotí	title	2
处理	chǔlǐ	handle	2
打印机	dǎyìnjī	printer	2
发送	fāsòng	send	2
复印机	fùyìnjī	copier	2
接收	jiēshōu	receive	2
内容	nèiróng	content	2
收件人	shōujiànrén	addressee	2
说明	shuōmíng	explain	2
通讯	tōngxùn	communication	2
下载	xiàzài	download	2
注册	zhùcè	register	2
状态	zhuàngtài	state of affairs	2
准时	zhǔnshí	on time	2
订单	dìngdān	order	3

订阅	dìngyuè	subscribe	4
链接	liànjiē	interlinkage	4
信函	xìnhán	letter	4

业务类—联系—报告

市场	shìchǎng	market	1
报告	bàogào	report	2
发展	fāzhǎn	develop	2
方面	fāngmiàn	aspect	2
分享	fēnxiǎng	share	2
行业	hángyè	industry	2
数据	shùjù	data	2
调查	diàochá	investigate	2
统计	tǒngjì	add up	2
咨询	zīxún	consult	2
策略	cèlüè	stratagem	3
分析	fēnxī	analyse	3
决策	juécè	policy decision	3
前景	qiánjǐng	prospect	3
趋势	qūshì	trend	3
现状	xiànzhuàng	present situation	3
依据	yījù	basis	3
预测	yùcè	forecast	3
制定	zhìdìng	formulate	3
专题	zhuāntí	special subject	3
状况	zhuàngkuàng	status	3
被访者	bèifǎngzhě	respondent	4

业务类—联系—邮寄、特快专递

包裹	bāoguǒ	package	1
保险	bǎoxiǎn	insurance	1
出示	chūshì	show	1
航空	hángkōng	aviation	1
汇款	huìkuǎn	remit money	1
寄件人	jìjiànrén	sender	1
快递	kuàidì	express	1
快件	kuàijiàn	express mail	1
特快专递	tèkuài zhuāndì	express delivery	1
填写	tiánxiě	fill in	1
信封	xìnfēng	envelope	1
邮寄	yóujì	send by post	1
邮政	yóuzhèng	postal service	1
邮政编码	yóuzhèng biānmǎ	postcode	1
重量	zhòngliàng	weight	1
查询	cháxún	enquire about	2
国际	guójì	international	2
领取	lǐngqǔ	receive	2
赔偿	péicháng	compensate	2
速递	sùdì	express delivery	2
通信	tōngxìn	correspond	2
通信地址	tōngxìn dìzhǐ	mailing address	2
物品	wùpǐn	article	2
邮资	yóuzī	postage	2
运输	yùnshū	transport	2

宅急送	zháijísòng	Rushed home	2
货物	huòwù	goods	3
投递	tóudì	deliver	3
延误	yánwù	incur loss through delay	3
保价	bǎojià	protect price	4
投保	tóubǎo	insure	4

业务类—评估—评估、培训及考核

名单	míngdān	name list	1
标准	biāozhǔn	standard	2
参与	cānyù	participate in	2
衡量	héngliáng	measure	2
奖励	jiǎnglì	encourage and reward	2
结果	jiéguǒ	result	2
解雇	jiěgù	fire	2
考虑	kǎolǜ	consider	2
目标	mùbiāo	target	2
培训	péixùn	train	2
态度	tàidù	attitude	2
选拔	xuǎnbá	select	2
选择	xuǎnzé	choose	2
员工	yuángōng	staff	2
制度	zhìdù	system	2
鉴于	jiànyú	in view of	3
决策	juécè	policy decision	3
考核	kǎohé	assess	3
考验	kǎoyàn	test	3
年终	niánzhōng	year-end	3
年终奖	niánzhōngjiǎng	year-end bonus	3
评估	pínggū	assess	3
认证	rènzhèng	certify	3
业绩	yèjì	outstanding achievement	3
制定	zhìdìng	formulate	3

称职	chènzhí	be competent at	4
换岗	huàngǎng	relieve a guard	4
绩效	jìxiào	achievement	4
奖惩	jiǎngchéng	reward and punish	4
年考	niánkǎo	year-end examination	4
人力资源部	rénlì zīyuánbù	human resources department	4
自我评价	zìwǒ píngjià	self-assessment	4

业务类—评估—述职

收入	shōurù	income	1
同事	tóngshì	colleague	1
完成	wánchéng	complete	1
资金	zījīn	capital	1
按照	ànzhào	according to	2
报告	bàogào	report	2
发展	fāzhǎn	develop	2
沟通	gōutōng	connect	2
管理	guǎnlǐ	manage	2
集团	jítuán	group	2
建立	jiànlì	establish	2
经营	jīngyíng	plan and manage	2
开展	kāizhǎn	develop	2
描述	miáoshù	describe	2
目标	mùbiāo	target	2
努力	nǔlì	make an effort	2
全面	quánmiàn	comprehensive	2
上级	shàngjí	superior	2
设备	shèbèi	equipment	2
提升	tíshēng	promote	2
团队	tuánduì	team	2
完善	wánshàn	perfect	2
物资	wùzī	goods and materials	2
宣传	xuānchuán	propagate	2
总结	zǒngjié	summary	2

组织	zǔzhī	organize	2
落实	luòshí	implement	3
实施	shíshī	implement	3
效率	xiàolǜ	efficiency	3
职务	zhíwù	post	3
职业	zhíyè	occupation	3
职责	zhízé	duty	3
制定	zhìdìng	formulate	3
述职	shùzhí	report on one's work	4

业务类—评估—辞职

不满	bùmǎn	dissatisfied	1
离开	líkāi	leave	1
辞职	cízhí	resign	2
合适	héshì	appropriate	2
决定	juédìng	decision	2
批准	pīzhǔn	approve	2
申请	shēnqǐng	apply for	2
失业	shīyè	be out of work	2
退休	tuìxiū	retire	2
压力	yālì	pressure	2
辞职信	cízhíxìn	letter of resignation	3
加薪	jiāxīn	raise the pay	3
交接	jiāojiē	hand over and take over	3
解除	jiěchú	relieve	3
劳累	láolèi	overworked	3
离职	lízhí	quit one's job	3
胜任	shèngrèn	be qualified for sth	3
裁员	cáiyuán	lay off staff	4
接替者	jiētìzhě	replacement	4
劳动关系	láodòng guānxì	labor relations	4
劳动合同	láodòng hétóng	labor contract	4
赏识	shǎngshí	appreciate	4

业务类—其他—电子商务

互联网	hùliánwǎng	internet	1
网上	wǎngshàng	online	1
网页	wǎngyè	webpage	1
网站	wǎngzhàn	website	1
网址	wǎngzhǐ	website	1
邮件	yóujiàn	mail	1
账户	zhànghù	account	1
保存	bǎocún	preserve	2
传递	chuándì	transmit	2
电子	diànzǐ	electron	2
交易	jiāoyì	deal	2
开户	kāihù	open an account	2
客户	kèhù	customer	2
跨行	kuàháng	interbank	2
垃圾邮件	lājī yóujiàn	junk mail	2
网店	wǎngdiàn	online shop	2
网购	wǎnggòu	online shopping	2
网上交易	wǎngshàng jiāoyì	online transaction	2
网上商城	wǎngshàng shāngchéng	online shopping mall	2
网上支付	wǎngshàng zhīfù	online payment	2
物流	wùliú	logistics	2
支付	zhīfù	pay	2
专柜	zhuānguì	special counter	2
订单	dìngdān	order	3
订购	dìnggòu	order	3

模式	móshì	pattern	3
商家	shāngjiā	merchant	3
实体	shítǐ	entity	3
邮购	yóugòu	buy by mail order	3
远程	yuǎnchéng	long-range	3
保证金	bǎozhèngjīn	margin	4
电子签名	diànzǐ qiānmíng	electronic signature	4
电子认证	diànzǐ rènzhèng	electronic authentication	4
电子商务	diànzǐ shāngwù	electronic commerce	4
供应链	gōngyìngliàn	supply chain	4
交易额	jiāoyì'é	volume of trade	4
交易量	jiāoyìliàng	volume of trade	4
交易平台	jiāoyì píngtái	trading platform	4
结算	jiésuàn	settle an account	4
实时	shíshí	real time	4
网络营销	wǎngluò yíngxiāo	online marketing	4
网商	wǎngshāng	e-businessman	4
支付平台	zhīfù píngtái	payment platform	4

业务类—其他—合资经营

双方	shuāngfāng	both sides	1
比例	bǐlì	proportion	2
规定	guīdìng	stipulate	2
海外	hǎiwài	abroad	2
经营	jīngyíng	plan and manage	2
控制	kòngzhì	control	2
利润	lìrùn	profit	2
批准	pīzhǔn	approve	2
投资	tóuzī	invest	2
约定	yuēdìng	appoint	2
中外	zhōngwài	China and foreign countries	2
注册	zhùcè	register	2
资本	zīběn	capital	2
出资	chūzī	provide funds	3
合资	hézī	invest jointly	3
缴纳	jiǎonà	pay	3
联盟	liánméng	union	3
协商	xiéshāng	consult	3
协议	xiéyì	agreement	3
中外合资	zhōngwài hézī	sino-foreign joint venture	3
出资额	chūzī'é	amount of contribution	4
股权	gǔquán	stock ownership	4
合营	héyíng	jointly operate	4
合资企业	hézī qǐyè	joint venture	4
控股权	kònggǔquán	controlling interest	4

母公司	mǔgōngsī	parent company	4
平等互利	píngděng hùlì	equality and mutual benefit	4
清算	qīngsuàn	liquidate	4
三资企业	sānzī qǐyè	three kinds of foreign-invested enterprises	4
收益率	shōuyìlǜ	yield rate	4
投产	tóuchǎn	go into operation	4
营业执照	yíngyè zhízhào	business license	4
增资	zēngzī	capital increase	4
占股	zhàngǔ	ratio of shareholding	4
章程	zhāngchéng	rules	4

业务类—其他—公关

报纸	bàozhǐ	newspaper	1
活动	huódòng	activity	1
邀请	yāoqǐng	invite	1
促销	cùxiāo	promote sales	2
机会	jīhuì	opportunity	2
客服	kèfú	customer service	2
品牌	pǐnpái	brand name	2
推出	tuīchū	introduce	2
文化	wénhuà	culture	2
新闻	xīnwén	news	2
兴趣	xìngqù	interest	2
宣布	xuānbù	announce	2
宣传	xuānchuán	propagate	2
策略	cèlüè	stratagem	3
传播	chuánbō	spread	3
导向	dǎoxiàng	guide	3
发布会	fābùhuì	press conference	3
公关	gōngguān	public relations	3
媒体	méitǐ	medium	3
融入	róngrù	integrate into	3
推荐	tuījiàn	recommend	3
影响力	yǐngxiǎnglì	influence	3
称谓	chēngwèi	appellation	4
公共关系	gōnggòng guānxì	public relations	4
危机公关	wēijī gōngguān	public relations in crisis	4

业务类—其他—创业

成功	chénggōng	succeed (in)	1
大学生	dàxuéshēng	college student	1
工作	gōngzuò	work	1
环境	huánjìng	environment	1
学校	xuéxiào	school	1
毕业	bìyè	graduate	2
财富	cáifù	wealth	2
成果	chéngguǒ	achievement	2
创办	chuàngbàn	establish	2
贷款	dàikuǎn	make a loan	2
计划	jìhuà	plan	2
就业	jiùyè	find a job	2
能力	nénglì	ability	2
启动	qǐdòng	start (up)	2
人才	réncái	skilled personnel	2
上市	shàngshì	list	2
调查	diàochá	investigate	2
投资	tóuzī	invest	2
团队	tuánduì	team	2
项目	xiàngmù	project	2
正规	zhèngguī	regular	2
资助	zīzhù	aid financially	2
自由	zìyóu	free	2
创始人	chuàngshǐrén	founder	3
创新	chuàngxīn	innovate	3

创业	chuàngyè	start an undertaking	3
担保	dānbǎo	guarantee	3
集资	jízī	fund raising	3
加盟	jiāméng	join	3
开办	kāibàn	start	3
开拓	kāituò	open up	3
离职	lízhí	quit one's job	3
梦想	mèngxiǎng	dream	3
试营业	shìyíngyè	soft opening	3
在线	zàixiàn	on-line	3
创业基金	chuàngyè jījīn	venture fund	4
风投	fēngtóu	venture investment	4
历练	lìliàn	temper oneself	4
注册资本	zhùcè zīběn	registered capital	4
注册资金	zhùcè zījīn	registered funds	4

业务类—其他—环境

空气	kōngqì	atmosphere	1
卫生	wèishēng	hygiene	1
周围	zhōuwéi	circumambience	1
风景	fēngjǐng	scenery	2
气候	qìhòu	climate	2
区域	qūyù	region	2
污染	wūrǎn	pollute	2
延续	yánxù	continue	2
能源	néngyuán	energy	3
人文	rénwén	humanities	3
生态	shēngtài	ecology	3
系统	xìtǒng	system	3
噪声	zàoshēng	noise	3
治理	zhìlǐ	govern	3
资源	zīyuán	resources	3
环境保护法	huánjìng bǎohùfǎ	environmental law	4
金融环境	jīnróng huánjìng	financial environment	4
居住环境	jūzhù huánjìng	living environment	4
营商	yíngshāng	do business	4
自然资源	zìrán zīyuán	natural resources	4

业务类—其他—商贸政策、商业法律

办法	bànfǎ	way	1
登记	dēngjì	register	1
商品	shāngpǐn	commodity	1
商业	shāngyè	business	1
支持	zhīchí	support	1
保护	bǎohù	protect	2
罚款	fákuǎn	fine	2
鼓励	gǔlì	encourage	2
规定	guīdìng	stipulate	2
合法	héfǎ	legitimate	2
机关	jīguān	office	2
建设	jiànshè	build	2
流通	liútōng	circulate	2
批发市场	pīfā shìchǎng	wholesale market	2
企业	qǐyè	enterprise	2
权利	quánlì	right	2
商务	shāngwù	business affairs	2
提交	tíjiāo	submit to	2
完善	wánshàn	perfect	2
引导	yǐndǎo	guide	2
责任	zérèn	responsibility	2
政策	zhèngcè	policy	2
走私	zǒusī	smuggle	2
案件	ànjiàn	case	3
颁布	bānbù	formally make public	3

保障	bǎozhàng	ensure	3
查处	cháchǔ	investigate and prosecute	3
产业	chǎnyè	industry	3
炒作	chǎozuò	publicize	3
促进	cùjìn	promote	3
当事人	dāngshìrén	client	3
公正	gōngzhèng	fair	3
公证	gōngzhèng	notarise	3
规范	guīfàn	standard	3
解除	jiěchú	relieve	3
紧缩	jǐnsuō	tighten	3
侵权	qīnquán	violate sb's lawful rights	3
权益	quányì	rights (and interests)	3
深化	shēnhuà	deepen	3
外贸	wàimào	foreign trade	3
享有	xiǎngyǒu	enjoy	3
消费者	xiāofèizhě	consumer	3
争议	zhēngyì	dispute	3
制订	zhìdìng	formulate	3
制定	zhìdìng	formulate	3
仲裁	zhòngcái	arbitrate	3
备案	bèi'àn	put on record	4
避税	bìshuì	avoid a tax	4
财政部	cáizhèngbù	ministry of finance	4
查获	cháhuò	hunt down and seize	4
法定	fǎdìng	legal	4
国民待遇	guómín dàiyù	national treatment	4

行规	hángguī	guild regulations	4
行市	hángshi	quotations on the market	4
奸商	jiānshāng	profiteer	4
经营权	jīngyíngquán	power of management	4
经营者	jīngyíngzhě	operator	4
流通业	liútōngyè	distribution industry	4
涉外	shèwài	concerning foreign affairs or foreign nationals	4
市场秩序	shìchǎng zhìxù	market order	4
特许	tèxǔ	franchise	4
条例	tiáolì	regulation	4
条文	tiáowén	article	4
条约	tiáoyuē	treaty	4
行贿	xínghuì	bribe	4

业务类—其他—经济特区

优惠	yōuhuì	preferential	1
资金	zījīn	capital	1
便利	biànlì	facilitate	2
对外	duìwài	foreign	2
发展	fāzhǎn	develop	2
建设	jiànshè	build	2
经济	jīngjì	economy	2
开发	kāifā	develop	2
开放	kāifàng	open to traffic or the public	2
内地	nèidì	inland	2
人才	réncái	skilled personnel	2
人均	rénjūn	per capita	2
率先	shuàixiān	be in the first to do sth	2
特殊	tèshū	special	2
投资	tóuzī	invest	2
外资	wàizī	foreign capital fund	2
吸引	xīyǐn	attract	2
沿海	yánhǎi	coastal areas	2
优势	yōushì	advantage	2
成就	chéngjiù	achievement	3
改革	gǎigé	reform	3
高新技术	gāoxīn jìshù	high technology	3
过境	guòjìng	cross the frontier	3
海域	hǎiyù	sea area	3
减免	jiǎnmiǎn	reduce	3

实行	shíxíng	put into practice	3
视察	shìchá	inspect	3
私营	sīyíng	private operate	3
保税区	bǎoshuìqū	bonded area	4
工业区	gōngyèqū	industrial area	4
经济特区	jīngjì tèqū	special economic zone	4
经济体制改革	jīngjì tǐzhì gǎigé	economic structure reform	4
可持续发展	kěchíxù fāzhǎn	sustainable development	4
特区	tèqū	special zone	4
特区法	tèqūfǎ	SAR law	4
投资环境	tóuzī huánjìng	investment environment	4
现代化	xiàndàihuà	modernize	4
兴办	xīngbàn	set up	4
自由港	zìyóugǎng	free port	4
自由贸易	zìyóu màoyì	free trade	4
自由贸易区	zìyóu màoyìqū	free trade zone	4
自由市场	zìyóu shìchǎng	free market	4

业务类—其他—跨国经营

出口	chūkǒu	export	1
当地	dāngdì	locality	1
发展	fāzhǎn	develop	2
国际	guójì	international	2
海外	hǎiwài	abroad	2
经营	jīngyíng	plan and manage	2
竞争	jìngzhēng	compete	2
境外	jìngwài	area outside the borders	2
流动	liúdòng	flow	2
投资	tóuzī	invest	2
项目	xiàngmù	project	2
引进	yǐnjìn	bring in	2
资本	zīběn	capital	2
出资	chūzī	provide funds	3
加盟	jiāméng	join	3
跨国	kuàguó	be transnational	3
签署	qiānshǔ	sign	3
双边	shuāngbiān	bilateral	3
顺差	shùnchā	surplus	3
外企	wàiqǐ	foreign enterprise	3
协议	xiéyì	agreement	3
战略	zhànlüè	strategy	3
独资	dúzī	exclusive investment	4
国际协作	guójì xiézuò	international cooperation	4
加盟店	jiāméngdiàn	franchise store	4

加盟商	jiāméngshāng	franchisee	4
接洽	jiēqià	consult with	4
跨国公司	kuàguó gōngsī	transnational corporation	4
跨国经营	kuàguó jīngyíng	transnational management	4
跨国投资	kuàguó tóuzī	transnational investment	4
联营	liányíng	operate jointly	4
门店	méndiàn	store	4
全球化	quánqiúhuà	globalize	4
转口贸易	zhuǎnkǒu màoyì	entrepot trade	4

业务类—其他—世界贸易组织

进口	jìnkǒu	import	1
全球	quánqiú	whole world	1
世界	shìjiè	world	1
补贴	bǔtiē	subsidize	2
成员	chéngyuán	member	2
承诺	chéngnuò	promise to undertake	2
港口	gǎngkǒu	port	2
规定	guīdìng	stipulate	2
加入	jiārù	join	2
开放	kāifàng	open to traffic or the public	2
贸易	màoyì	trade	2
挑战	tiǎozhàn	challenge	2
外资	wàizī	foreign capital fund	2
享受	xiǎngshòu	enjoy	2
自由	zìyóu	free	2
关税	guānshuì	tariff	3
机遇	jīyù	opportunity	3
机制	jīzhì	mechanism	3
设立	shèlì	establish	3
谈判	tánpàn	negotiate	3
外贸	wàimào	foreign trade	3
报复关税	bàofù guānshuì	retaliatory duty	4
边境贸易	biānjìng màoyì	frontier trade	4
参股	cāngǔ	purchase shares in businesses	4
成员国	chéngyuánguó	member state	4

单边贸易	dānbiān màoyì	unilateral trade	4
对外开放	duìwài kāifàng	open to the outside world	4
对外贸易	duìwài màoyì	foreign trade	4
多边贸易	duōbiān màoyì	multilateral trade	4
非关税壁垒	fēiguānshuì bìlěi	non-tariff barrier	4
关贸总协定	Guānmào Zǒngxié-dìng	General Agreement on Tariffs and Trade (GATT)	4
互惠互利	hùhuì-hùlì	be mutually benefit	4
互利	hùlì	be of mutual benefit	4
降税	jiàngshuì	reduce taxation	4
进口税	jìnkǒushuì	import duty	4
经济一体化	jīngjì yītǐhuà	economic integration	4
控股	kònggǔ	hold a controlling number of the shares	4
零关税	língguānshuì	zero tariff	4
欧元区	ōuyuánqū	euro zone	4
配额	pèi’é	quota	4
契机	qìjī	turning point	4
入世	rùshì	access to the WTO	4
石油输出国组织	Shíyóu Shūchūguó Zǔzhī	Organization of Petroleum Exporting Countries	4
世界贸易组织	Shìjiè Màoyì Zǔzhī	World Trade Organization	4
世界银行	Shìjiè Yínháng	World Bank	4
世贸	Shìmào	World Trade Organization	4
世贸组织	Shìmào Zǔzhī	World Trade Organization	4
外商	wàishāng	foreign businessman	4
制裁	zhìcái	impose sanction	4
最惠国待遇	zuìhuìguó dàiyù	most-favored-nation treatment	4

业务类—其他—知识产权

保护	bǎohù	protect	2
成果	chéngguǒ	achievement	2
盗版	dàobǎn	pirate	2
发明	fāmíng	invent	2
仿制	fǎngzhì	imitate	2
起诉	qǐsù	prosecute	2
权利	quánlì	right	2
设计	shèjì	design	2
行为	xíngwéi	behaviour	2
许可	xǔkě	permit	2
注册	zhùcè	register	2
作品	zuòpǐn	works	2
版权	bǎnquán	copyright	3
创新	chuàngxīn	innovate	3
创意	chuàngyì	original idea	3
假冒	jiǎmào	counterfeit	3
侵犯	qīnfàn	violate	3
侵权	qīnquán	violate sb's lawful rights	3
认定	rèndìng	firmly believe	3
商标	shāngbiāo	trademark	3
诉讼	sùsòng	litigate	3
销售	xiāoshòu	sell	3
专利	zhuānlì	patent	3
产权	chǎnquán	property right	4
独创性	dúchuàngxìng	originality	4

法律责任	fǎlǜ zérèn	legal liability	4
防伪	fángwěi	prevent counterfeiting	4
抢注	qiǎngzhù	rush registration	4
商标权	shāngbiāoquán	trademark rights	4
使用权	shǐyòngquán	right of use	4
维权	wéiquán	safeguard legal rights and interests	4
许诺	xǔnuò	promise	4
原告	yuángào	plaintiff	4
知识产权	zhīshi chǎnquán	intellectual property right	4
著作权	zhùzuòquán	copyright	4
专利保护	zhuānlì bǎohù	patent protection	4
专利法	zhuānlìfǎ	patent law	4
专利权	zhuānlìquán	patent right	4
专利人	zhuānlìrén	patentee	4
专有	zhuānyǒu	belong to sb alone	4

业务类—其他—倾销与反倾销

出口	chūkǒu	export	1
海关	hǎiguān	customs	1
价格	jiàgé	price	1
采取	cǎiqǔ	take	2
法律	fǎlǜ	law	2
贸易	màoyì	trade	2
手段	shǒuduàn	means	2
损害	sǔnhài	damage	2
调查	diàochá	investigate	2
威胁	wēixié	threaten	2
议会	yìhuì	parliament	2
遭遇	zāoyù	encounter	2
责任	zérèn	responsibility	2
正当	zhèngdàng	proper	2
证据	zhèngjù	evidence	2
暴利	bàolì	sudden huge profits	3
驳回	bóhuí	reject	3
裁定	cáidìng	rule	3
措施	cuòshī	measure	3
低价	dījià	low price	3
关税	guānshuì	tariff	3
巨商	jùshāng	business giant	3
巨头	jùtóu	tycoon	3
垄断	lǒngduàn	monopolize	3
歧视	qíshì	discriminate	3

倾销	qīngxiāo	dump	3
权益	quányì	rights (and interests)	3
上诉	shàngsù	appeal	3
诉讼	sùsòng	litigate	3
征收	zhēngshōu	collect	3
壁垒	bìlěi	barrier	4
撤诉	chèsù	withdrawal an accusation	4
反规避	fǎnguībì	anti-circumvention	4
反倾销	fǎnqīngxiāo	anti-dumping	4
反倾销税	fǎnqīngxiāoshuì	anti-dumping duty	4
关卡	guānqiǎ	tax office outpost	4
关税壁垒	guānshuì bìlěi	tariff barrier	4
关税联盟	guānshuì liánméng	tariff alliance	4
管制	guǎnzhì	control	4
核查	héchá	check	4
经济制裁	jīngjì zhìcái	economic sanction	4
立案	lì'àn	put on record	4
贸易保护主义	màoyìbǎohùzhǔyì	trade protectionism	4
贸易壁垒	màoyì bìlěi	trade barriers	4
贸易战	màoyìzhàn	trade war	4
欧盟	ōuméng	European Union	4
排挤	páijǐ	push aside	4
判决书	pànjuéshū	written judgment	4
赔款	péikuǎn	pay an indemnity	4
涉案	shè'àn	be involved in a case	4
申诉	shēnsù	appeal for justice	4
胜诉	shèngsù	win a lawsuit	4

税率	shuìlǜ	tax rate	4
限价	xiànjià	price control	4
制裁	zhìcái	impose sanction	4
终裁	zhōngcái	final judge	4

业务类—其他—企业并购

分散	fēnsàn	disperse	2
股东	gǔdōng	shareholder	2
联合	liánhé	unite	2
批准	pīzhǔn	approve	2
企业	qǐyè	enterprise	2
权利	quánlì	right	2
申请	shēnqǐng	apply for	2
条件	tiáojiàn	condition	2
并购	bìnggòu	mergers and acquisitions	3
重组	chóngzǔ	recombine	3
董事会	dǒngshìhuì	board of directors	3
合并	hébìng	merge	3
监管	jiānguǎn	supervise	3
签约	qiānyuē	sign a contract	3
审核	shěnhé	examine and verify	3
收购	shōugòu	buy	3
谈判	tánpàn	negotiate	3
协同	xiétóng	cooperate with	3
战略	zhànlüè	strategy	3
整合	zhěnghé	integrate	3
资产	zīchǎn	assets	3
并购案	bìnggòu'àn	Merger and Acquisition case	4
负债	fùzhài	be in debt	4
管理层	guǎnlǐcéng	management layer	4
换股	huàngǔ	share swap	4

兼并	jiānbìng	annex	4
接管	jiēguǎn	take over	4
净资产	jìngzīchǎn	net assets	4
控股	kònggǔ	hold a controlling number of the shares	4
跨国并购	kuàguó bìnggòu	transnational merger	4
目标公司	mùbiāo gōngsī	target corp	4
募资	mùzī	fundraising	4
旗下	qíxià	as a subordinate or subsidiary	4
融资	róngzī	finance	4
所有权	suǒyǒuquán	ownership	4
下放	xiàfàng	transfer to a lower power	4
转股改制	zhuǎngǔ gǎizhì	equity restructuring	4
资产重组	zīchǎn chóngzǔ	reorganization of assets	4

业务类—其他—战略咨询

把握	bǎwò	grasp	2
管理	guǎnlǐ	manage	2
目标	mùbiāo	target	2
品牌	pǐnpái	brand name	2
转换	zhuǎnhuàn	transform	2
咨询	zīxún	consult	2
最佳	zuìjiā	optimum	2
步骤	bùzhòu	step	3
策略	cèlüè	stratagem	3
规划	guīhuà	map out a plan	3
监测	jiāncè	monitor	3
理念	lǐniàn	idea	3
流程	liúchéng	technological process	3
企业家	qǐyèjiā	entrepreneur	3
趋势	qūshì	trend	3
实施	shíshī	implement	3
顺应	shùnyìng	conform to	3
形势	xíngshì	situation	3
战略	zhànlüè	strategy	3
战术	zhànshù	tactics	3
执行	zhíxíng	implement	3
指导	zhǐdǎo	guide	3
制定	zhìdìng	formulate	3
分析报告	fēnxī bàogào	analysis report	4
管控	guǎnkòng	control	4

绩效	jìxiào	achievement	4
竞争力	jìngzhēnglì	competitive power	4
企业文化	qǐyè wénhuà	corporate culture	4
市场化	shìchǎnghuà	marketization	4

业务类—其他—资本运作

比例	bǐlì	proportion	2
发展	fāzhǎn	develop	2
分散	fēnsàn	disperse	2
风险	fēngxiǎn	risk	2
价值	jiàzhí	value	2
买卖	mǎimai	business	2
投入	tóurù	put in (money)	2
投资	tóuzī	invest	2
资本	zīběn	capital	2
组合	zǔhé	compose	2
布局	bùjú	layout	3
部署	bùshǔ	deploy	3
财力	cáilì	financial power	3
重组	chóngzǔ	recombine	3
承担	chéngdān	bear	3
亏损	kuīsǔn	have a deficit	3
扩张	kuòzhāng	expand	3
模式	móshì	pattern	3
配置	pèizhì	compound	3
效益	xiàoyì	benefit	3
盈利	yínglì	profit	3
运作	yùnzuò	(of organizations, institutions) operate	3
增值	zēngzhí	increase in value	3
债务	zhàiwù	debt	3

注入	zhùrù	inject	3
资产	zīchǎn	assets	3
子公司	zǐgōngsī	subsidiary company	3
总店	zǒngdiàn	main store	3
总公司	zǒnggōngsī	head company	3
产权交易	chǎnquán jiāoyì	property transaction	4
撤资	chèzī	withdraw one's capital (or investment)	4
改制	gǎizhì	reform an economic or political system	4
改组	gǎizǔ	reorganize	4
股份公司	gǔfèn gōngsī	stock company	4
股权分置	gǔquán fēnzhì	split share structure	4
股权转让	gǔquán zhuǎnràng	equity transfer	4
回购	huígòu	buy back	4
兼并	jiānbìng	annex	4
连锁经营	liánsuǒ jīngyíng	chain operation	4
连锁企业	liánsuǒ qǐyè	chain enterprise	4
募集	mùjí	raise	4
优化配置	yōuhuà pèizhì	optimize allocation	4
资本运营	zīběn yùnyíng	capital operation	4
资本运作	zīběn yùnzuò	capital operation	4

业务类—签约—磋商

合作	hézuò	cooperate	2
计划	jìhuà	plan	2
建议	jiànyì	propose	2
讨论	tǎolùn	discuss	2
完善	wánshàn	perfect	2
细节	xìjié	detail	2
项目	xiàngmù	project	2
有关	yǒuguān	pertain to	2
草案	cǎo'àn	draft	3
诚恳	chéngkěn	sincere	3
诚意	chéngyì	good faith	3
磋商	cuōshāng	consult	3
共识	gòngshí	consensus	3
规划	guīhuà	map out a plan	3
合伙	héhuǒ	form a partnership	3
会谈	huìtán	talk	3
评估	pínggū	assess	3
签署	qiānshǔ	sign	3
签约	qiānyuē	sign a contract	3
融合	rónghé	fuse	3
谈判	tánpàn	negotiate	3
提议	tíyì	propose	3
推进	tuījìn	advance	3
协议	xiéyì	agreement	3
草拟	cǎonǐ	draft	4

洽谈会	qiàtánhuì	talks	4
商洽	shāngqià	consult and discuss	4
商谈	shāngtán	discuss	4

业务类—签约—审核

登记	dēngjì	register	1
避免	bìmiǎn	avoid	2
补充	bǔchōng	replenish	2
防止	fángzhǐ	prevent	2
合法	héfǎ	legitimate	2
合同	hétóng	contract	2
明确	míngquè	make clear	2
内容	nèiróng	content	2
批准	pīzhǔn	approve	2
签订	qiāndìng	conclude and sign	2
权利	quánlì	rights	2
违反	wéifǎn	violate	2
无效	wúxiào	be invalid	2
形式	xíngshì	form	2
修改	xiūgǎi	modify	2
约定	yuēdìng	appoint	2
责任	zérèn	responsibility	2
证明	zhèngmíng	prove	2
终止	zhōngzhǐ	terminate	2
重点	zhòngdiǎn	focal point	2
资格	zīgé	qualifications	2
仔细	zǐxì	careful	2
草案	cǎo'àn	draft	3
担保	dānbǎo	guarantee	3
当事人	dāngshìrén	client	3

盖章	gài zhāng	set a seal	3
公证	gōngzhèng	notarise	3
履行	lǚxíng	perform	3
审查	shěnchá	examine	3
审核	shěnhé	examine and verify	3
授权	shòuquán	empower	3
条款	tiáokuǎn	clause	3
委托	wěituō	entrust	3
验收	yànshōu	check upon delivery	3
保证人	bǎozhèngrén	guarantor	4
表述	biǎoshù	express	4
担保人	dānbǎorén	guarantee	4
核算	hésuàn	examine and calculate	4
核准	hézhǔn	examine and approve	4
切实可行	qièshí kěxíng	feasible	4

业务类—签约—修改

加上	jiāshàng	add	1
签字	qiānzì	sign	1
增加	zēngjiā	increase	1
补充	bǔchōng	supplement	2
承诺	chéngnuò	promise to undertake	2
反对	fǎnduì	oppose	2
合同	hétóng	contract	2
明确	míngquè	make clear	2
权利	quánlì	right	2
修改	xiūgǎi	modify	2
草案	cǎo'àn	draft	3
解除	jiěchú	relieve	3
审核	shěnhé	examine and verify	3
条款	tiáokuǎn	clause	3
限制	xiànzhì	limit	3
协商	xiéshāng	consult	3
协议	xiéyì	agreement	3
意向书	yìxiàngshū	letter of intent	4

业务类—签约—签字

成功	chénggōng	succeed (in)	1
满意	mǎnyì	be satisfied	1
签字	qiānzì	sign	1
顺利	shùnlì	smooth	1
握手	wòshǒu	shake hands	1
合同	hétóng	contract	2
合作	hézuò	cooperate	2
机会	jīhuì	opportunity	2
盼望	pànwàng	look forward to	2
签名	qiānmíng	sign	2
纸张	zhǐzhāng	paper	2
祝贺	zhùhè	congratulate	2
甲方	jiǎfāng	party A	3
契约	qìyuē	contract	3
签署	qiānshǔ	sign	3
签约	qiānyuē	sign a contract	3
生效	shēngxiào	take effect	3
书面	shūmiàn	written	3
谈判	tánpàn	negotiate	3
条款	tiáokuǎn	clause	3
文本	wénběn	text	3
乙方	yǐfāng	party B	3
执行	zhíxíng	implement	3
版本	bǎnběn	edition	4
备忘录	bèiwànglù	memorandum	4

标明	biāomíng	mark	4
标注	biāozhù	mark	4
副本	fùběn	ectype	4
过目	guòmù	look over so as to check	4
互换	hùhuàn	exchange	4
签字笔	qiānzìbǐ	signature pen	4
正本	zhèngběn	original (of a document)	4
注明	zhùmíng	give clear indication	4

业务类—签约—合同履行

复印件	fùyìnjiàn	photocopy	1
被告	bèigào	defendant	2
规定	guīdìng	stipulate	2
纠纷	jiūfēn	dispute	2
拒绝	jùjué	refuse	2
赔偿	péicháng	compensate	2
商量	shāngliang	discuss	2
实际	shíjì	actual	2
损失	sǔnshī	lose	2
维护	wéihù	safeguard	2
义务	yìwù	obligation	2
约定	yuēdìng	appoint	2
责任	zérèn	responsibility	2
制度	zhìdù	system	2
当事人	dāngshìrén	client	3
定金	dìngjīn	deposit	3
检验	jiǎnyàn	test	3
履行	lǚxíng	perform	3
生效	shēngxiào	take effect	3
索赔	suǒpéi	claim compensation against	3
调解	tiáojiě	mediate	3
违约	wéiyuē	break a contract	3
约束	yuēshù	constraint	3
执行	zhíxíng	implement	3
中止	zhōngzhǐ	suspension	3

仲裁	zhòngcái	arbitrate	3
作废	zuòfèi	become invalid	3
法律效力	fǎlǜ xiàolì	legal effect	4
合法权益	héfǎ quányì	legitimate rights and interests	4
履约	lǚyuē	keep a promise	4
违约方	wéiyuēfāng	delinquent party	4
效劳	xiàoláo	serve	4
续约	xùyuē	renew a treaty	4
原告	yuángào	plaintiff	4

业务类—商检—检验

出口	chūkǒu	export	1
商品	shāngpǐn	commodity	1
问题	wèntí	problem	1
质量	zhìliàng	quality	1
标准	biāozhǔn	standard	2
定期	dìngqī	regular	2
合格	hégé	qualified	2
鉴定	jiàndìng	appraise	2
品质	pǐnzhì	quality	2
生产	shēngchǎn	produce	2
严格	yángé	strict	2
证书	zhèngshū	certificate	2
种类	zhǒnglèi	type	2
货物	huòwù	goods	3
检验	jiǎnyàn	test	3
验收	yànshōu	check upon delivery	3
样品	yàngpǐn	sample	3
报检	bàojiǎn	apply for inspection	4
报验	bàoyàn	apply for inspection	4
抽验	chōuyàn	spot-check	4
抽样	chōuyàng	sample	4
复检	fùjiǎn	review	4
复验	fùyàn	reinspect	4
免检	miǎnjiǎn	be exempt from inspection	4

商检	shāngjiǎn	commodity inspection	4
商检局	shāngjiǎnjú	commodity inspection bureau	4
商品检验局	shāngpǐn jiǎnyànjú	commodity inspection bureau	4
验货	yànhuò	inspect goods	4

业务类—商检—鉴定

办理	bànlǐ	handle	1
登记	dēngjì	register	1
费用	fèiyong	cost	1
价格	jiàgé	price	1
报告	bàogào	report	2
材料	cáiliào	material	2
符合	fúhé	accord with	2
合格	hégé	qualified	2
机构	jīgòu	organization	2
技术	jìshù	technology	2
价值	jiàzhí	value	2
检测	jiǎncè	test	2
鉴定	jiàndìng	appraise	2
申请	shēnqǐng	apply for	2
许可	xǔkě	permit	2
证明	zhèngmíng	prove	2
注册	zhùcè	register	2
资格	zīgé	qualifications	2
监督	jiāndū	supervise	3
检验	jiǎnyàn	test	3
鉴别	jiànbié	discern	3
评定	píngdìng	evaluate	3
评估	pínggū	assess	3
评价	píngjià	evaluate	3
评审	píngshěn	examine and appraise	3

评选	píngxuǎn	discuss and elect	3
认证	rènzhèng	certify	3
审核	shěnhé	examine and verify	3
实施	shíshī	implement	3
受理	shòulǐ	accept and attend to	3
委托	wěituō	entrust	3
依法	yīfǎ	base on the law	3
残损	cánsǔn	damaged	4
初审	chūshěn	preliminary examination	4
国家质检总局	Guójiā Zhìjiǎn Zǒngjú	AQSIQ	4
鉴证	jiànzhèng	authenticate	4
商检	shāngjiǎn	commodity inspection	4
商品检验	shāngpǐn jiǎnyàn	commodity inspection	4
资格证书	zīgé zhèngshū	certificate	4

业务类—谈判—成交

满意	mǎnyì	be satisfied	1
签字	qiānzì	sign	1
同意	tóngyì	agree	1
成交	chéngjiāo	seal a bargain	2
供应	gōngyìng	supply	2
合理	hélǐ	reasonable	2
合同	hétóng	contract	2
签订	qiāndìng	conclude and sign	2
确认	quèrèn	confirm	2
提供	tígōng	provide	2
一次性	yīcìxìng	one-time	2
一致	yīzhì	identical	2
订单	dìngdān	order	3
订购	dìnggòu	order	3
订金	dìngjīn	deposit	3
发货	fāhuò	deliver goods	3
核对	héduì	check	3
进货	jìnhuò	stock with goods	3
买家	mǎijiā	buyer	3
买主	mǎizhǔ	buyer	3
卖家	màijiā	seller	3
卖主	màizhǔ	seller	3
签单	qiāndān	sign the bill	3
签署	qiānshǔ	sign	3
荣幸	róngxìng	honoured	3

审核	shěnhé	examine and verify	3
生效	shēngxiào	take effect	3
成交额	chéngjiāo'é	turnover	4
成交价	chéngjiāojià	transaction price	4
垫付	diànfù	pay for sb and get paid back later	4
订货	dìnghuò	order goods	4
订货量	dìnghuòliàng	order quantity	4
购货	gòuhuò	purchase goods	4
购销	gòuxiāo	purchase and sale	4
货单	huòdān	shipping list	4
货源	huòyuán	supply of goods	4
货主	huòzhǔ	owner of goods	4
交货	jiāo huò	deliver goods	4

业务类—谈判—品种、数量、包装

八	bā	eight	1
百	bǎi	hundred	1
二	èr	two	1
九	jiǔ	nine	1
零	líng	zero	1
六	liù	six	1
七	qī	seven	1
千	qiān	thousand	1
三	sān	three	1
十	shí	ten	1
数量	shùliàng	quantity	1
四	sì	four	1
套	tào	set	1
万	wàn	ten thousand	1
五	wǔ	five	1
箱子	xiāngzi	chest	1
一	yī	one	1
亿	yì	billion	1
百分点	bǎifēndiǎn	percentage point	2
包装	bāozhuāng	pack	2
保质期	bǎozhìqī	shelf life	2
材料	cáiliào	material	2
成分	chéngfèn	component part	2
副	fù	vice	2
高温	gāowēn	high-temperature	2

回收	huíshōu	recycle	2
结实	jiēshi	strong	2
款	kuǎn	paragraph	2
批	pī	batch	2
设计	shèjì	design	2
拾	shí	ten	2
塑料	sùliào	plastic	2
体积	tǐjī	volume	2
图案	tú'àn	pattern	2
小数点	xiǎoshùdiǎn	decimal point	2
纸箱	zhǐxiāng	carton	2
捌	bā	eight	3
佰	bǎi	hundred	3
包装盒	bāozhuānghé	packing box	3
成套	chéngtào	form a complete set	3
大宗	dàzōng	bulk	3
等额	děng'é	equal amount	3
额	é	specified amount	3
贰	èr	two	3
合计	héjì	total	3
挤压	jǐyā	extrude	3
净重	jìngzhòng	net weight	3
玖	jiǔ	nine	3
巨额	jù'é	huge sum	3
陆	liù	six	3
美观	měiguān	beautiful	3
面料	miànliào	surface cloth	3

木板	mùbǎn	board	3
木箱	mùxiāng	wooden box	3
泡沫	pàomò	foam	3
瓶装	píngzhuāng	bottled	3
柒	qī	seven	3
仟	qiān	thousand	3
容量	róngliàng	capacity	3
容纳	róngnà	accommodate	3
叁	sān	three	3
肆	sì	four	3
伍	wǔ	five	3
壹	yī	one	3
印刷	yìnshuā	print	3
组装	zǔzhuāng	assemble	3
包装箱	bāozhuāngxiāng	packing box	4
标明	biāomíng	mark	4
承运	chéngyùn	accept the carriage	4
大额	dà'é	large in sum	4
防潮	fángcháo	be moisture-proof	4
防水	fángshuǐ	be waterproof	4
防震	fángzhèn	be shockproof	4
罐装	guànzhuāng	can	4
过度包装	guòdù bāozhuāng	excessive packaging	4
回潮	huícháo	get damp	4
加固	jiāgù	reinforce	4
净含量	jìnghánliàng	net content	4
毛重	máozhòng	gross weight	4

内包装	nèibāozhuāng	inner packing	4
商品包装	shāngpǐn bāozhuāng	commodity package	4
条形码	tiáoxíngmǎ	bar code	4
外包装	wàibāozhuāng	out packing	4
印制	yìnzhì	print	4
纸板	zhǐbǎn	cardboard	4
纸质	zhǐzhì	paper quality	4
装配	zhuāngpèi	assemble	4

业务类—谈判—运输

公路	gōnglù	highway	1
航空	hángkōng	aviation	1
码头	mǎtóu	wharf	1
铁路	tiělù	railway	1
方式	fāngshì	mode	2
港口	gǎngkǒu	port	2
工具	gōngjù	tool	2
管道	guǎndào	pipeline conduit	2
国际	guójì	international	2
轮船	lúnchuán	steamer	2
速递	sùdì	express delivery	2
运输	yùnshū	transport	2
搬运	bānyùn	carry	3
泊位	bówèi	berth	3
海运	hǎiyùn	ocean shipping	3
航线	hángxiàn	route	3
货舱	huòcāng	(cargo) hold	3
货架	huòjià	goods shelf	3
货摊	huòtān	stall	3
货物	huòwù	goods	3
货运	huòyùn	freight transport	3
集装箱	jízhuāngxiāng	container	3
仓储	cāngchǔ	maintain/keep grain, goods, etc in a storehouse	4
舱位	cāngwèi	shipping space	4

船运	chuányùn	ship	4
吨位	dūnwèi	tonnage	4
海陆空联运	hǎi-lù-kōng liányùn	sea-land-and-air coordinated transport	4
货柜	huòguì	counter	4
交货	jiāo huò	deliver goods	4
空运	kōngyùn	air transport	4
库房	kùfáng	storage room	4
联运	liányùn	coordinated transport	4
陆运	lùyùn	land transportation	4
目的港	mùdìgǎng	port of destination	4
起运港	qǐyùngǎng	starting port for shipping	4
托运	tuōyùn	consign for shipment	4
运单	yùndān	waybill	4
运费	yùnfèi	freight	4
运价	yùnjià	freight charge	4
运输业	yùnshūyè	transportation	4
转运	zhuǎnyùn	transship	4
装箱单	zhuāngxiāngdān	packing list	4
装卸	zhuāngxiè	load and unload	4
装运	zhuāngyùn	load and transport	4

业务类—谈判—交货

办理	bànlǐ	handle	1
地点	dìdiǎn	place	1
费用	fèiyong	cost	1
进口	jìnkǒu	import	1
码头	mǎtóu	wharf	1
时间	shíjiān	time	1
缺货	quē huò	be out of stock	2
入账	rùzhàng	carry to	2
提前	tíqián	advance	2
延期	yánqī	postpone	2
延长	yáncháng	extend	2
承担	chéngdān	bear	3
分批	fēnpī	divide into groups	3
关税	guānshuì	tariff	3
货物	huòwù	goods	3
交付	jiāofù	deliver	3
交接	jiāojiē	hand over and take over	3
买方	mǎifāng	buyer	3
卖方	màifāng	seller	3
按期	ànqī	on schedule	4
驳船	bóchuán	barge	4
付款交单	fùkuǎn jiāodān	payment voucher	4
交货	jiāohuò	deliver goods	4
缴付	jiǎofù	pay	4
缴款	jiǎokuǎn	payment	4

结清	jiéqīng	settle	4
结余	jiéyú	balance	4
两讫	liǎngqì	goods are delivered and bill is cleared	4
目的港	mùdìgǎng	port of destination	4
清货	qīng huò	clearance	4
取货	qǔ huò	collect goods	4
提单	tídān	bill of lading	4
提货	tí huò	take delivery of goods	4
尾款	wěikuǎn	the payment in the rest	4
卸货	xiè huò	discharge a cargo	4
装运	zhuāngyùn	load and transport	4

业务类—谈判—保险（投保、索赔、理赔）

办理	bànlǐ	handle	1
保险	bǎoxiǎn	insurance	1
意外	yìwài	accident	1
风险	fēngxiǎn	risk	2
购买	gòumǎi	purchase	2
赔偿	péicháng	compensate	2
损失	sǔnshī	loss	2
维修	wéixiū	maintain	2
指定	zhǐdìng	appoint	2
保障	bǎozhàng	ensure	3
合约	héyuē	contract	3
假冒	jiǎmào	counterfeit	3
健全	jiànquán	sound	3
界定	jièdìng	define	3
开销	kāixiāo	pay expenses	3
磨损	mósǔn	wear and tear	3
索赔	suǒpéi	claim compensation against	3
条款	tiáokuǎn	clause	3
维修点	wéixiūdiǎn	maintenance point	3
保费	bǎofèi	insurance premium	4
保险额	bǎoxiǎn'é	insurance quota	4
保险费	bǎoxiǎnfèi	insurance premium	4
保险业	bǎoxiǎnyè	insurance industry	4
保险证	bǎoxiǎnzhèng	insurance certification	4
报案	bào àn	report a case	4

被保险人	bèibǎoxiǎnrén	the insured	4
不可抗力	bùkěkànglì	force majeure	4
参保	cānbǎo	insure	4
车险	chēxiǎn	car insurance	4
承保	chéngbǎo	accept insurance	4
出口信用保险	chūkǒu xìnyòng bǎoxiǎn	export credit insurance	4
附加险	fùjiāxiǎn	additional risk	4
货物保险	huòwù bǎoxiǎn	cargo insurance	4
理赔	lǐpéi	settle claims	4
平安险	píng'ānxiǎn	free of particular average (FPA)	4
全险	quánxiǎn	all risks	4
商业保险	shāngyè bǎoxiǎn	commercial insurance	4
水渍	shuǐzì	water damage	4
水渍险	shuǐzìxiǎn	water damage insurance	4
投保	tóubǎo	insure	4
投保人	tóubǎorén	policy-holder	4
退保	tuìbǎo	surrender one's insurance policy	4
险别	xiǎnbié	insurance type	4
险种	xiǎnzhǒng	insurance type	4
信用保险	xìnyòng bǎoxiǎn	credit insurance	4
战争险	zhànzhēngxiǎn	war risk insurance	4

业务类—谈判—申诉、仲裁、索赔

赔	péi	compensate	1
罢工	bàgōng	strike	2
报告	bàogào	report	2
规定	guīdìng	stipulate	2
合同	hétóng	contract	2
假冒伪劣	jiǎmào-wěiliè	fake and shoddy	2
检测	jiǎncè	test	2
拒绝	jùjué	refuse	2
赔偿	péicháng	compensate	2
缺陷	quēxiàn	defect	2
上当	shàngdàng	be fooled	2
事故	shìgù	accident	2
水货	shuǐhuò	smuggled goods	2
损失	sǔnshī	loss	2
提出	tíchū	propose	2
调查	diàochá	investigate	2
推迟	tuīchí	delay	2
严重	yánzhòng	serious	2
责任	zérèn	responsibility	2
证据	zhèngjù	evidence	2
裁决	cáijué	adjudicate	3
打官司	dǎ guānsi	go to court	3
短缺	duǎnquē	be short of	3
检验	jiǎnyàn	test	3
亏损	kuīsǔn	have a deficit	3

赖账	làizhàng	bilk	3
谅解	liàngjiě	understand	3
劣质	lièzhì	inferior	3
冒牌	màopái	fake	3
谴责	qiǎnzé	condemn	3
欠款	qiànkuǎn	owe money	3
欠条	qiàntiáo	IOU	3
欠账	qiànzhàng	owe a debt	3
损坏	sǔnhuài	damage	3
索赔	suǒpéi	claim compensation against	3
拖欠	tuōqiàn	default (on)	3
违约	wéiyuē	break a contract	3
以次充好	yǐcì-chōnghǎo	sell seconds at best quality prices	3
争议	zhēngyì	dispute	3
争执	zhēngzhí	dispute	3
仲裁	zhòngcái	arbitrate	3
追究	zhuījiū	investigate	3
败诉	bàisù	lost in a lawsuit	4
保险公司	bǎoxiǎn gōngsī	insurance company	4
被诉人	bèisùrén	defendant	4
残次品	cán-cìpǐn	defective goods	4
残损	cánsǔn	damaged	4
罚金	fájīn	fine	4
拒赔	jùpéi	reject a claim	4
理赔	lǐpéi	settle claims	4
赔付	péifù	pay(indemnity)	4

商检局	shāngjiǎnjú	commodity inspection bureau	4
受损	shòusǔn	be damaged	4
盈亏	yíngkuī	wax and wane	4
质检	zhìjiǎn	quality testing	4

业务类—谈判—产品介绍

价格	jiàgé	price	1
介绍	jièshào	introduce	1
款式	kuǎnshì	style	1
使用	shǐyòng	use	1
产品	chǎnpǐn	product	2
大路货	dàlùhuò	popular goods of fair quality	2
等级	děngjí	grade	2
改进	gǎijìn	improve	2
各式各样	gèshì-gèyàng	different kinds	2
各种各样	gèzhǒng-gèyàng	different kinds	2
功能	gōngnéng	function	2
加工	jiāgōng	process	2
设计	shèjì	design	2
生产	shēngchǎn	produce	2
适用	shìyòng	suit	2
说明书	shuōmíngshū	instructions	2
系列	xìliè	series	2
新型	xīnxíng	new-type	2
一流	yīliú	first-class	2
优良	yōuliáng	fine	2
原料	yuánliào	raw material	2
正品	zhèngpǐn	quality goods	2
产地	chǎndì	place of origin	3
产区	chǎnqū	producing area	3
厂家	chǎngjiā	manufacturer	3

驰名	chímíng	be well-known	3
副作用	fùzuòyòng	side effect	3
改良	gǎiliáng	improve	3
改造	gǎizào	reform	3
浏览	liúlǎn	browse	3
名声	míngshēng	reputation	3
品味	pǐnwèi	taste	3
认证	rènzhèng	certify	3
式样	shìyàng	style	3
体验	tǐyàn	experience	3
推荐	tuījiàn	recommend	3
样品	yàngpǐn	sample	3
样式	yàngshì	style	3
崭新	zhǎnxīn	completely new	3
质地	zhìdì	texture	3
质优价廉	zhìyōu-jiàlián	high quality and low price	3
半成品	bànchéngpǐn	half-finished goods	4
精加工	jīngjiāgōng	finish machining	4
耐用	nàiyòng	durable	4
原产地	yuánchǎndì	place of origin	4

业务类—谈判—代理

地区	dìqū	region	1
市场	shìchǎng	market	1
合作	hézuò	cooperate	2
签订	qiāndìng	conclude and sign	2
推销	tuīxiāo	promote sales	2
证书	zhèngshū	certificate	2
指定	zhǐdìng	appoint	2
厂商	chǎngshāng	manufacturer	3
承担	chéngdān	bear	3
代理	dàilǐ	act for	3
代理人	dàilǐrén	agent	3
独家	dújiā	sole	3
加盟	jiāméng	join	3
申办	shēnbàn	bid	3
授权	shòuquán	empower	3
销量	xiāoliàng	sales volume	3
销售	xiāoshòu	sell	3
协议	xiéyì	agreement	3
总部	zǒngbù	general headquarters	3
代表处	dàibiǎochù	representative office	4
代理权	dàilǐquán	franchise	4
代理商	dàilǐshāng	agent	4
法定	fǎdìng	legal	4
挂牌	guàpái	hang out one's shingle	4
加盟店	jiāméngdiàn	franchise store	4

加盟商	jiāméngshāng	franchisee	4
门店	méndiàn	store	4
委任	wěirèn	appoint	4
委托书	wěituōshū	power of attorney	4
佣金	yòngjīn	commission	4
专卖权	zhuānmàiquán	monopoly	4
总代理	zǒngdàilǐ	general agency	4

业务类—谈判—包销

承诺	chéngnuò	promise to undertake	2
出售	chūshòu	sell	2
公开	gōngkāi	make public	2
购买	gòumǎi	purchase	2
合同	hétóng	contract	2
经营	jīngyíng	plan and manage	2
投资	tóuzī	invest	2
项目	xiàngmù	project	2
报酬	bàochou	remuneration	3
承担	chéngdān	bear	3
独家	dújiā	sole	3
发行	fāxíng	issue	3
供货	gōnghuò	supply goods	3
股份	gǔfèn	share	3
甲方	jiǎfāng	party A	3
权益	quányì	rights (and interests)	3
委托	wěituō	entrust	3
协议	xiéyì	agreement	3
乙方	yǐfāng	Party B	3
包销	bāoxiāo	underwrite	4
承购	chénggòu	undertake to purchase	4
承销	chéngxiāo	underwriting	4
承销商	chéngxiāoshāng	underwriter	4
认购	rèngòu	subscribe for	4
限售	xiànshòu	sale fixing	4
专营	zhuānyíng	monopolize	4

业务类—谈判—价格

便宜	piányi	cheap	1
价格	jiàgé	price	1
价钱	jiàqián	price	1
美元	měiyuán	dollar	1
优惠	yōuhuì	preferential	1
质量	zhìliàng	quality	1
成本	chéngběn	cost	2
单价	dānjià	unit price	2
高价	gāojià	high price	2
合理	hélǐ	reasonable	2
降价	jiàngjià	reduce the price	2
开价	kāijià	charge a price	2
零售价	língshòujià	retail price	2
漫天要价	màntiān-yàojià	ask (or demand) an exorbitant price	2
批发价	pīfājià	trade price	2
全价	quánjià	full price	2
讨价还价	tǎojià-huánjià	bargain	2
物价	wùjià	(commodity) price	2
物美价廉	wùměi-jiàlián	fine quality and low price	2
一口价	yīkǒujià	fixed price	2
出厂价	chūchǎngjià	ex-factory price	3
档次	dàngcì	grade	3
低廉	dīlián	cheap	3
底价	dǐjià	floor price	3

订购	dìnggòu	order	3
公道	gōngdào	fair	3
行情	hángqíng	market quotations	3
减价	jiǎnjià	cut the price	3
名贵	míngguì	rare	3
赔本	péiběn	sustain losses in business	3
批发	pīfā	wholesale	3
平价	píngjià	parity	3
起价	qǐjià	starting price	3
让步	ràngbù	compromise	3
杀价	shājià	slash the price	3
谈判	tánpàn	negotiate	3
妥协	tuǒxié	compromise	3
账款	zhàngkuǎn	funds on account	3
折扣	zhékòu	discount	3
报价	bàojià	make an offer	4
报盘	bàopán	offer	4
比价	bǐjià	compare bills	4
变相涨价	biànxiàng zhǎngjià	disguised price hike	4
到岸价格	dào'àn jiàgé	CIF price	4
估价	gūjià	estimate the price	4
官价	guānjià	official price	4
广告费	guǎnggàofèi	advertising fee	4
还盘	huánpán	counter offer	4
计价	jìjià	calculate the price	4
加价	jiājià	raise the price	4

价差	jiàchā	price difference	4
价格战	jiàgézhàn	price war	4
价目单	jiàmùdān	price list	4
离岸价格	lí'àn jiàgé	free on board	4
垄断价格	lǒngduàn jiàgé	monopoly price	4
抬价	táijià	raise price of goods	4
提价	tíjià	boost price	4
调低	tiáodī	adjust（price）downward	4
调高	tiáogāo	adjust（price）upward	4
调价	tiáojià	modify prices	4
削价	xuējià	cut the price	4
压价	yājià	force the price down	4
要价	yàojià	ask a price	4
议价	yìjià	negotiate a price	4
涨幅	zhǎngfú	rate of rise	4
总价	zǒngjià	total (price)	4

业务类—谈判—佣金

价格	jiàgé	price	1
成本	chéngběn	cost	2
付出	fùchū	pay	2
行业	hángyè	industry	2
客户	kèhù	customer	2
利润	lìrùn	profit	2
收取	shōuqǔ	collect	2
返还	fǎnhuán	return	3
回扣	huíkòu	rebate	3
协议	xiéyì	agreement	3
盈利	yínglì	profit	3
增值	zēngzhí	increase in value	3
制定	zhìdìng	formulate	3
保证金	bǎozhèngjīn	margin	4
酬金	chóujīn	remuneration	4
酬劳	chóuláo	recompense	4
酬谢	chóuxiè	thank sb with a gift	4
代办	dàibàn	be an agent	4
浮动	fúdòng	float	4
交易量	jiāoyìliàng	volume of trade	4
利润率	lìrùnlǜ	profit margin	4
零佣金	língyòngjīn	zero commission	4
散户	sǎnhù	individual investor	4

提成	tíchéng	draw a percentage (from a sum of money)	4
佣金	yòngjīn	commission	4
佣金率	yòngjīnlǜ	rate of commission	4

业务类—谈判—折扣

打折	dǎzhé	give a discount	1
价格	jiàgé	price	1
数量	shùliàng	quantity	1
特价	tèjià	special offer	1
优惠	yōuhuì	preferential	1
百分比	bǎifēnbǐ	percentage	2
购买	gòumǎi	purchase	2
降价	jiàngjià	reduce the price	2
交易	jiāoyì	deal	2
节省	jiéshěng	save	2
节约	jiéyuē	save	2
赠送	zèngsòng	give as a gift	2
订购	dìnggòu	order	3
减价	jiǎnjià	cut the price	3
退款	tuìkuǎn	refund	3
样品	yàngpǐn	sample	3
折扣	zhékòu	discount	3
报价	bàojià	make an offer	4
订货	dìnghuò	order goods	4
让价	ràngjià	reduce the price	4

业务类—谈判—支付方式

电汇	diànhuì	telegraphic transfer	1
付款	fùkuǎn	pay (a sum of money)	1
汇款	huì kuǎn	remit money	1
现金	xiànjīn	cash	1
银行	yínháng	bank	1
资金	zījīn	capital	1
风险	fēngxiǎn	risk	2
汇款人	huìkuǎnrén	remitter	2
记账	jìzhàng	keep accounts	2
交易	jiāoyì	deal	2
收款人	shōukuǎnrén	payee	2
收取	shōuqǔ	collect	2
手续费	shǒuxùfèi	service fee	2
支付	zhīfù	pay	2
咨询	zīxún	consult	2
到账	dàozhàng	into one's account	3
定金	dìngjīn	deposit	3
分期付款	fēnqī fùkuǎn	hire purchase	3
货币	huòbì	currency	3
买方	mǎifāng	buyer	3
卖方	màifāng	seller	3
收款	shōukuǎn	collect money	3
委托	wěituō	entrust	3
代收	dàishōu	accept for sb	4
单据	dānjù	bill	4

付现	fùxiàn	pay in cash	4
跟单	gēndān	document attached	4
汇付	huìfù	remit	4
汇票	huìpiào	draft	4
货到付款	huòdào fùkuǎn	cash on delivery	4
货款	huòkuǎn	payment for goods	4
结算	jiésuàn	settle an account	4
拒付	jùfù	refuse payment	4
开立	kāilì	open	4
票汇	piàohuì	demand draft	4
票据	piàojù	bill	4
收汇	shōuhuì	receive foreign currency	4
托收	tuōshōu	collection	4
信汇	xìnhuì	mail transfer	4
信用证	xìnyòngzhèng	letter of credit	4
预付	yùfù	pay in advance	4
预付款	yùfùkuǎn	advance charge	4

业务类—谈判—询盘、报盘、还盘

价格	jiàgé	price	1
接受	jiēshòu	accept	1
采购	cǎigòu	purchase	2
合理	hélǐ	reasonable	2
价目表	jiàmùbiǎo	price list	2
交易	jiāoyì	deal	2
亏本	kuīběn	lose money (in business)	2
型号	xínghào	model	2
供不应求	gōngbùyìngqiú	supply falls short of demand	3
行情	hángqíng	market quotations	3
回落	huíluò	drop	3
交纳	jiāonà	pay	3
谈判	tánpàn	negotiate	3
包工包料	bāogōng bāoliào	contract for labour and materials at a lump sum	4
报价	bàojià	make an offer	4
报价单	bàojiàdān	quotation list	4
报盘	bàopán	offer	4
报送	bàosòng	submit	4
备货	bèihuò	stock up	4
标的	biāodì	target	4
标书	biāoshū	bidding document	4
补偿贸易	bǔcháng màoyì	compensation trade	4
到岸	dào'àn	arrive at shore	4
发盘	fāpán	offer	4

复函	fùhán	reply by letter	4
供应商	gōngyìngshāng	supplier	4
还盘	huánpán	counter offer	4
交货价	jiāohuòjià	delivery price	4
净价	jìngjià	net price	4
实盘	shípán	firm offer	4
询价	xúnjià	enquire the price	4
询盘	xúnpán	enquiry	4
征询	zhēngxún	consult	4

业务类—谈判—谈判策略

成功	chénggōng	succeed (in)	1
对方	duìfāng	other side	1
双方	shuāngfāng	both sides	1
促使	cùshǐ	urge	2
对手	duìshǒu	opponent	2
技巧	jìqiǎo	skill	2
结果	jiéguǒ	result	2
解决	jiějué	solve	2
拒绝	jùjué	refuse	2
立场	lìchǎng	position	2
利益	lìyì	interest	2
灵活	línghuó	flexible	2
权力	quánlì	power	2
运用	yùnyòng	utilize	2
步骤	bùzhòu	step	3
策略	cèlüè	stratagem	3
陈述	chénshù	state	3
趁机	chènjī	take advantage of an opportunity	3
对策	duìcè	counter-measure	3
劣势	lièshì	inferior situation	3
迫使	pòshǐ	force	3
让步	ràngbù	compromise	3
双赢	shuāngyíng	win-win	3
谈判	tánpàn	negotiate	3
拖延	tuōyán	delay	3

因素	yīnsù	factor	3
余地	yúdì	leeway	3
回旋	huíxuán	(room for) manoeuvre	4
谋取	móuqǔ	seek	4
审时度势	shěnshí-duóshì	judge the hour and size up the situation	4
随机应变	suíjī-yìngbiàn	rise to the occasion	4
斡旋	wòxuán	mediate	4
压价	yājià	force the price down	4
知己知彼	zhījǐ-zhībǐ	know yourself as well as the enemy	4

业务类—投资—股市

公司	gōngsī	company	1
市场	shìchǎng	market	1
成交	chéngjiāo	seal a bargain	2
股东	gǔdōng	shareholder	2
股票	gǔpiào	share	2
交易	jiāoyì	deal	2
利润	lìrùn	profit	2
买卖	mǎimai	business	2
上涨	shàngzhǎng	rise	2
调整	tiáozhěng	adjust	2
投资	tóuzī	invest	2
突破	tūpò	break through	2
涨	zhǎng	rise	2
赚	zhuàn	make a profit	2
赚钱	zhuàn qián	make money	2
板块	bǎnkuài	sector	3
炒股	chǎogǔ	play the market	3
大幅	dàfú	substantially	3
低迷	dīmí	turbid	3
反弹	fǎntán	rebound	3
股民	gǔmín	stock investors	3
股市	gǔshì	stock market	3
观望	guānwàng	wait and see	3
行情	hángqíng	market quotations	3

回落	huíluò	drop	3
回升	huíshēng	pick up	3
价位	jiàwèi	price	3
看涨	kànzhǎng	be inclined to rise	3
强势	qiángshì	strong rising tendency	3
缩水	suōshuǐ	shrink	3
下跌	xiàdiē	fall	3
下调	xiàtiáo	lower (the price/rate)	3
涨跌	zhǎngdiē	go up and drop	3
涨停	zhǎngtíng	limit up	3
指数	zhǐshù	index	3
重组	chóngzǔ	recombine	3
转让	zhuǎnràng	transfer the ownership of	3
报收	bàoshōu	(stock market) close at	4
崩盘	bēngpán	(stock market) crash	4
超跌	chāodiē	oversold	4
大盘	dàpán	large cap	4
跌幅	diēfú	range of drop	4
跌破	diēpò	fall drastically	4
跌停	diētíng	limit down	4
短线	duǎnxiàn	short-term	4
个股	gègǔ	individual share	4
股本	gǔběn	equity capital	4
股东大会	gǔdōng dàhuì	(general) meeting of shareholders	4
股价	gǔjià	price of stock	4
股金	gǔjīn	share capital	4

股息	gǔxī	stock dividend	4
红筹股	hóngchóugǔ	red chip stocks	4
沪市	hùshì	Shanghai Stock Market	4
沪指	hùzhǐ	Shanghai Composite Index	4
华尔街	Huá'ěr Jiē	Wall Street	4
回笼	huílóng	withdraw (currency) from circulation	4
回暖	huínuǎn	get warm again after a cold spell	4
绩差股	jìchàgǔ	bad performance stock	4
绩优股	jìyōugǔ	blue chip stock	4
交易所	jiāoyìsuǒ	exchange	4
开盘	kāipán	give the opening quotation	4
开盘价	kāipánjià	opening price	4
开市	kāishì	opening for business	4
看跌	kàndiē	be inclined to fall	4
两市	liǎngshì	the Shanghai and Shenzhen stock markets	4
买壳上市	mǎiké shàngshì	go public through buying a shell	4
卖盘	mài pán	sell order	4
牛市	niúshì	bull market	4
扭亏为盈	niǔkuī-wéiyíng	turn loss into gain	4
抛空	pāokōng	sell short	4
抛盘	pāopán	sell out stocks	4
抛售	pāoshòu	dump	4
配股	pèigǔ	scrip issue	4
疲软	píruǎn	sluggish	4
疲弱	píruò	sluggish	4

清仓	qīngcāng	make an inventory of a warehouse	4
圈钱	quānqián	make or raise money by hook	4
全线	quánxiàn	all fronts	4
券商	quànshāng	broker	4
融资	róngzī	finance	4
入股	rùgǔ	buy shares	4
入市	rùshì	into the stock market	4
杀跌	shādiē	sell shares when the price goes down	4
上交所	Shàngjiāosuǒ	Shanghai Stock Exchange	4
上市公司	shàngshì gōngsī	listed company	4
申购	shēngòu	apply for the purchase of	4
深交所	shēnjiāosuǒ	Shenzhen Stock Exchange	4
深市	shēnshì	Shenzhen Stock Market	4
升幅	shēngfú	extent of increase	4
升势	shēngshì	uptrend	4
收盘	shōupán	give the closing quotation	4
收盘价	shōupánjià	closing price	4
套牢	tàoláo	hung up	4
投资者	tóuzīzhě	investor	4
退市	tuìshì	(of a listed company) quit from market	4
下挫	xiàcuò	plunge	4
新低	xīndī	new low	4
熊市	xióngshì	bear market	4
休市	xiūshì	close the market	4
有价证券	yǒujià zhèngquàn	negotiable securities	4

早盘	zǎopán	early trading	4
债转股	zhàizhuǎngǔ	debt-to-equity	4
长线	chángxiàn	(of investment, stocks, etc.) buy and hold	4
涨落	zhǎngluò	fluctuate	4
招股	zhāogǔ	solicit shareholders	4
振荡	zhèndàng	oscillate	4
证监会	Zhèngjiānhuì	Securities Supervision Commission	4
证券	zhèngquàn	negotiable securities	4
庄家	zhuāngjiā	banker	4

业务类—投资—汇市

美元	měiyuán	dollar	1
市场	shìchǎng	market	1
澳元	àoyuán	Australian dollar	2
风险	fēngxiǎn	risk	2
黄金	huángjīn	gold	2
升值	shēngzhí	appreciate	2
数据	shùjù	data	2
外币	wàibì	foreign currency	2
外汇	wàihuì	foreign exchange	2
下降	xiàjiàng	decline	2
英镑	yīngbàng	pound	2
贬值	biǎnzhí	devalue	3
财政	cáizhèng	finance	3
赤字	chìzì	deficit	3
回升	huíshēng	pick up	3
货币	huòbì	currency	3
利率	lìlǜ	interest rate	3
流入	liúrù	inflow	3
欧元	ōuyuán	euro	3
下跌	xiàdiē	fall	3
限制	xiànzhì	limit	3
指标	zhǐbiāo	target	3
指数	zhǐshù	index	3
保值	bǎozhí	preserve the value	4
跌势	diēshì	decline (in price/value)	4

跌至	diēzhì	fall to	4
浮动汇率	fúdòng huìlǜ	floating exchange rate	4
浮动价格	fúdòng jiàgé	floating price	4
购买力	gòumǎilì	purchasing power	4
固定汇率	gùdìng huìlǜ	fixed exchange rate	4
黑市	hēishì	black market	4
汇价	huìjià	exchange rate	4
汇市	huìshì	foreign exchange market	4
即期汇票	jíqī huìpiào	demand bill	4
降息	jiàngxī	cut the interest rate	4
结汇	jiéhuì	settlement of exchange	4
结售汇	jiéshòuhuì	foreign exchange settlement and sale	4
买盘	mǎipán	buy order	4
逆差	nìchā	deficit	4
融通	róngtōng	accommodate	4
通胀	tōngzhàng	inflation	4
外汇储备	wàihuì chǔbèi	foreign currency reserve	4
涨势	zhǎngshì	uptrend	4
走高	zǒugāo	go up	4
走势	zǒushì	trend	4

业务类—投资—期货

地区	dìqū	region	1
工厂	gōngchǎng	factory	1
价格	jiàgé	price	1
商品	shāngpǐn	commodity	1
市场	shìchǎng	market	1
仓库	cāngkù	warehouse	2
产量	chǎnliàng	yield	2
成交	chéngjiāo	seal a bargain	2
幅度	fúdù	range	2
积极	jījí	positive	2
交易	jiāoyì	deal	2
境外	jìngwài	area outside the borders	2
年度	niándù	year	2
品种	pǐnzhǒng	variety	2
上涨	shàngzhǎng	rise	2
提升	tíshēng	promote	2
投资	tóuzī	invest	2
盎司	àngsī	ounce	3
创新	chuàngxīn	innovate	3
合约	héyuē	contract	3
监管	jiānguǎn	supervise	3
扩张	kuòzhāng	expand	3
平稳	píngwěn	stable	3
推进	tuījìn	advance	3
修订	xiūdìng	revise	3

指令	zhǐlìng	instruction	3
指数	zhǐshù	index	3
主力	zhǔlì	main force	3
报价	bàojià	make an offer	4
持仓	chícāng	hold shares	4
对外开放	duìwài kāifàng	open to the outside world	4
行政许可	xíngzhèng xǔkě	administrative license	4
交割	jiāogē	deliver	4
交易日	jiāoyìrì	trading day	4
交易所	jiāoyìsuǒ	exchange	4
结算	jiésuàn	settle an account	4
开仓	kāicāng	open a position	4
库存	kùcún	stock	4
平仓	píngcāng	close a position	4
期货	qīhuò	futures	4
奇货可居	qíhuò-kějū	rare commodity that can be hoarded for a better price	4
实体经济	shítǐ jīngjì	real economy	4
现货	xiànhuò	goods in stock	4
盈亏	yíngkuī	wax and wane	4
原油	yuányóu	crude oil	4

业务类—投资—国债

办理	bànlǐ	handle	1
国家	guójiā	country	1
账户	zhànghù	account	1
资金	zījīn	capital	1
本期	běnqī	current period	2
持有	chíyǒu	hold	2
到期	dàoqī	expire	2
风险	fēngxiǎn	risk	2
购买	gòumǎi	purchase	2
活期	huóqī	current	2
计算	jìsuàn	calculate	2
交易	jiāoyì	deal	2
开户	kāihù	open an account	2
利息	lìxī	interest	2
流动	liúdòng	flow	2
流通	liútōng	circulate	2
买卖	mǎimai	business	2
卖出	màichū	sell out	2
面向	miànxiàng	be geared to the needs of	2
品种	pǐnzhǒng	variety	2
期限	qīxiàn	time limit	2
市民	shìmín	citizen	2
提前	tíqián	advance	2
同期	tóngqī	same period	2
投资	tóuzī	invest	2

推出	tuīchū	introduce	2
预约	yùyuē	make an appointment	2
偿还	chánghuán	repay	3
储蓄	chǔxù	save	3
代理	dàilǐ	act for	3
定价	dìngjià	make a price	3
发行	fāxíng	issue	3
过户	guòhù	transfer ownership	3
理财	lǐcái	conduct financial transactions	3
利率	lìlǜ	interest rate	3
买入	mǎirù	buy in	3
面值	miànzhí	face value	3
凭证	píngzhèng	voucher	3
收益	shōuyì	profit	3
本金	běnjīn	principal	4
代销	dàixiāo	sell on consignment	4
兑付	duìfù	cash and pay	4
兑取	duìqǔ	convert	4
发售	fāshòu	sell	4
付息	fùxī	pay interest	4
公债	gōngzhài	public bonds	4
国库	guókù	national treasury	4
国库券	guókùquàn	national treasury bond	4
国债	guózhài	national debt	4
国债期货	guózhài qīhuò	treasury bond futures	4
回购	huígòu	buy back	4

计息	jìxī	interest calculation	4
记账式国债	jìzhàngshì guózhài	registered treasury bond	4
降息	jiàngxī	cut the interest rate	4
交割	jiāogē	deliver	4
交易所	jiāoyìsuǒ	exchange	4
结算	jiésuàn	settle an account	4
开立	kāilì	open	4
年利率	niánlìlǜ	annual interest rate	4
票面	piàomiàn	face value	4
期货	qīhuò	futures	4
投资者	tóuzīzhě	investor	4
托管	tuōguǎn	entrust	4
限额	xiàn'é	quota	4
债权	zhàiquán	creditor's rights	4
债券	zhàiquàn	bond	4
债市	zhàishì	bond fluctuation market	4

业务类—投资—风险投资

资金	zījīn	capital	1
波动	bōdòng	fluctuate	2
贷款	dàikuǎn	make a loan	2
风险	fēngxiǎn	risk	2
行业	hángyè	industry	2
合作	hézuò	cooperate	2
基金	jījīn	fund	2
价值	jiàzhí	value	2
面临	miànlín	face	2
企业	qǐyè	enterprise	2
签订	qiāndìng	conclude and sign	2
上市	shàngshì	list	2
手段	shǒuduàn	means	2
投资	tóuzī	invest	2
退出	tuìchū	withdraw from	2
项目	xiàngmù	project	2
引进	yǐnjìn	bring in	2
创业	chuàngyè	start an undertaking	3
担保	dānbǎo	guarantee	3
冻结	dòngjié	freeze	3
协议	xiéyì	agreement	3
业绩	yèjì	outstanding achievement	3
预期	yùqī	expect	3
运作	yùnzuò	(of organizations, institutions) operate	3

增值	zēngzhí	increase in value	3
长远	chángyuǎn	long-term	3
资产	zīchǎn	assets	3
暴跌	bàodiē	fall steeply	4
暴涨	bàozhǎng	soar	4
创投	chuàngtóu	venture capital	4
风投	fēngtóu	venture investment	4
风投机构	fēngtóu jīgòu	venture capital institutions	4
风险投资	fēngxiǎn tóuzī	venture investment	4
风险资本	fēngxiǎn zīběn	venture capital	4
负债	fùzhài	be in debt	4
跟风	gēnfēng	go with the tide	4
股权	gǔquán	stock ownership	4
股权激励	gǔquán jīlì	equity incentive	4
回报率	huíbàolǜ	rate of return	4
理财师	lǐcáishī	financial consultant	4
募资	mùzī	fundraising	4
年利	niánlì	annual interest	4
年息	niánxī	annual interest	4
融资	róngzī	finance	4
赢利	yínglì	profit	4
注资	zhùzī	infuse capital	4

业务类—银行—咨询

ATM机	ATM jī	ATM machine	1
存款	cúnkuǎn	deposit	1
存折	cúnzhé	passbook	1
柜台	guìtái	counter	1
借记卡	jièjìkǎ	debit card	1
取款	qǔ kuǎn	withdraw money	1
使用	shǐyòng	use	1
刷卡	shuā kǎ	pay by card	1
现金	xiànjīn	cash	1
信用卡	xìnyòngkǎ	credit card	1
银行	yínháng	bank	1
银行卡	yínhángkǎ	bank card	1
账户	zhànghù	account	1
资金	zījīn	capital	1
存取	cúnqǔ	deposit or withdraw	2
电话银行	diànhuà yínháng	telephone banking	2
功能	gōngnéng	function	2
挂失	guàshī	report the loss	2
金额	jīn'é	amount of money	2
开户行	kāihùháng	bank of deposit	2
开通	kāitōng	open	2
利息	lìxī	interest	2
提供	tígōng	provide	2
提款	tíkuǎn	drawing money from a bank	2
网上银行	wǎngshàng yínháng	online banking	2

携带	xiédài	carry	2
业务	yèwù	business	2
有效证件	yǒuxiào zhèngjiàn	valid certificate	2
转账	zhuǎnzhàng	transfer accounts	2
咨询	zīxún	consult	2
持卡人	chíkǎrén	card holder	3
额度	é'dù	quota	3
发行	fāxíng	issue	3
发卡	fākǎ	issue the bank card	3
还款	huánkuǎn	repay	3
透支	tòuzhī	make an overdraft	3
网点	wǎngdiǎn	network of service centres	3
支行	zhīháng	branch (of a bank)	3
结算	jiésuàn	settle an account	4
免息	miǎnxī	free of interest	4
终端	zhōngduān	terminal	4

业务类—银行—开户、存取款

百	bǎi	hundred	1
办理	bànlǐ	handle	1
表格	biǎogé	form	1
窗口	chuāngkǒu	window	1
存	cún	put money in bank	1
存款	cúnkuǎn	deposit	1
存折	cúnzhé	passbook	1
大写	dàxiě	write in capitals	1
费用	fèiyong	cost	1
顾客	gùkè	customer	1
卡	kǎ	card	1
密码	mìmǎ	password	1
钱	qián	money	1
取款	qǔ kuǎn	withdraw money	1
人民币	rénmínbì	rmb	1
手续	shǒuxù	procedure	1
数字	shùzì	numeral	1
提款机	tíkuǎnjī	cash dispenser	1
银行	yínháng	bank	1
账户	zhànghù	account	1
证件	zhèngjiàn	certificate	1
自动取款机	zìdòng qǔkuǎnjī	ATM	1
钞票	chāopiào	bank note	2
储存	chǔcún	store	2
储蓄所	chǔxùsuǒ	savings bank	2

存钱	cún qián	save money	2
存入	cúnrù	deposit	2
定期	dìngqī	regular	2
个人账户	gèrén zhànghù	individual account	2
工行	gōngháng	industrial and commercial bank	2
共计	gòngjì	total	2
活期	huóqī	current	2
金额	jīn'é	amount of money	2
开户	kāihù	open an account	2
利息	lìxī	interest	2
输入	shūrù	input	2
数目	shùmù	number	2
填表	tiánbiǎo	fill in the form	2
外汇	wàihuì	foreign exchange	2
网购	wǎnggòu	online shopping	2
小写	xiǎoxiě	lowercase letter	2
本钱	běnqian	capital	3
储户	chǔhù	depositor	3
储蓄	chǔxù	save	3
存储	cúnchǔ	store	3
存款单	cúnkuǎndān	deposit slip	3
付费	fùfèi	pay	3
假币	jiǎbì	counterfeit money	3
利率	lìlǜ	interest rate	3
收支	shōuzhī	revenue and expenditure	3
余额	yú'é	balance	3
支票	zhīpiào	check	3

职员	zhíyuán	staff member	3
本息	běnxī	principal and interest	4
币种	bìzhǒng	currency	4
户头	hùtóu	account	4
假钞	jiǎchāo	counterfeit money	4
开立	kāilì	open	4
现钞	xiànchāo	cash	4
现款	xiànkuǎn	cash	4
现钱	xiànqián	cash	4
限额	xiàn'é	quota	4
营业员	yíngyèyuán	shop employee	4

业务类—银行—货币兑换

零钱	língqián	small change	1
旅行支票	lǚxíng zhīpiào	traveler's cheque	1
现金	xiànjīn	cash	1
换钱	huàn qián	change money	2
汇率	huìlǜ	exchange rate	2
美金	měijīn	dollar	2
外币	wàibì	foreign currency	2
兑换	duìhuàn	exchange	3
兑现	duìxiàn	cash	3
港币	gǎngbì	Hong Kong money	3
换成	huànchéng	change into	3
货币	huòbì	currency	3
日元	rìyuán	yen	3
硬币	yìngbì	coin	3
比率	bǐlǜ	ratio	4
比值	bǐzhí	ratio	4
币值	bìzhí	currency value	4
币种	bìzhǒng	currency	4
承兑	chéngduì	honour	4
承兑交单	chéngduì jiāodān	documents against acceptance	4
兑换单	duìhuàndān	exchange memo	4
兑换率	duìhuànlǜ	rate of exchange	4
美钞	měichāo	greenback	4
自由兑换	zìyóu duìhuàn	free convertibility	4

业务类—银行—信用证及资信证明

付款	fùkuǎn	pay	1
签字	qiānzì	sign	1
情况	qíngkuàng	situation	1
查询	cháxún	enquire about	2
到期	dàoqī	expire	2
名义	míngyì	name	2
期限	qīxiàn	time limit	2
提供	tígōng	provide	2
提交	tíjiāo	submit to	2
调查	diàochá	investigate	2
信用	xìnyòng	credit	2
严格	yángé	strict	2
证明	zhèngmíng	prove	2
指定	zhǐdìng	appoint	2
资料	zīliào	data	2
出具	chūjù	produce	3
发放	fāfàng	grant	3
过期	guòqī	be overdue	3
核对	héduì	check	3
起草	qǐcǎo	draft	3
审核	shěnhé	examine and verify	3
条款	tiáokuǎn	clause	3
委托	wěituō	entrust	3
信誉	xìnyù	reputation	3
样本	yàngběn	sample	3

有效期	yǒuxiàoqī	term of validity	3
资产	zīchǎn	assets	3
保兑	bǎoduì	confirm	4
保额	bǎo'é	sum insured	4
不可撤销信用证	bùkě chèxiāo xìnyòngzhèng	irrevocable letter of credit	4
不良资产	bùliáng zīchǎn	non-performing assets	4
查证	cházhèng	verify	4
出口商	chūkǒushāng	exporter	4
单据	dānjù	bill	4
法律效力	fǎlǜ xiàolì	legal effect	4
汇票	huìpiào	draft	4
结算	jiésuàn	settle an account	4
进口商	jìnkǒushāng	importer	4
开证	kāizhèng	write a letter of credit	4
开证行	kāizhèngháng	issuing bank	4
签发	qiānfā	sign and issue	4
受益人	shòuyìrén	beneficiary	4
提取	tíqǔ	draw	4
涂改	túgǎi	alter	4
信用评级	xìnyòng píngjí	credit rating	4
信用体系	xìnyòng tǐxì	credit system	4
信用证	xìnyòngzhèng	letter of credit	4
远期信用证	yuǎnqī xìnyòngzhèng	usance letter of credit	4
资信	zīxìn	credit	4
资信调查	zīxìn diàochá	credit investigation	4

业务类—银行—汇款、转账

办理	bànlǐ	handle	1
电汇	diànhuì	telegraphic transfer	1
汇款	huìkuǎn	remit money	1
收费	shōu fèi	charge	1
填写	tiánxiě	fill in	1
通知	tōngzhī	notice	1
银行	yínháng	bank	1
银行卡	yínhángkǎ	bank card	1
邮政储蓄	yóuzhèng chǔxù	postal savings	1
账号	zhànghào	account number	1
账户	zhànghù	account	1
本人	běnrén	oneself	2
查询	cháxún	enquire about	2
户名	hùmíng	account's name	2
及时	jíshí	timely	2
金额	jīn'é	amount of money	2
境外	jìngwài	area outside the borders	2
跨行	kuàháng	interbank	2
收款人	shōukuǎnrén	payee	2
手续费	shǒuxùfèi	service fee	2
网银	wǎngyín	e-bank	2
业务	yèwù	business	2
用户	yònghù	user	2
预约	yùyuē	make an appointment	2
指定	zhǐdìng	appoint	2

转账	zhuǎnzhàng	transfer accounts	2
汇出	huìchū	remit	3
款项	kuǎnxiàng	sum of money	3
批量	pīliàng	in batches	3
凭证	píngzhèng	voucher	3
收款	shōu kuǎn	collect money	3
同行	tóngháng	people of the same trade	3
系统	xìtǒng	system	3
存现	cúnxiàn	deposit cash	4
汇票	huìpiào	draft	4
汇入	huìrù	import	4
票汇	piàohuì	demand draft	4
票据	piàojù	bill	4
同城	tóngchéng	the same city	4
退汇	tuìhuì	return remittance	4
现汇	xiànhuì	spot exchange	4
异地	yìdì	strange land	4

业务类—银行—贷款

资金	zījīn	capital	1
财产	cáichǎn	property	2
贷款	dàikuǎn	make a loan	2
风险	fēngxiǎn	risk	2
巨款	jùkuǎn	large sums of money	2
利息	lìxī	interest	2
申请	shēnqǐng	apply for	2
信用	xìnyòng	credit	2
政策	zhèngcè	policy	2
按揭	ànjiē	mortgage	3
拨款	bōkuǎn	allocate money	3
偿还	chánghuán	repay	3
担保	dānbǎo	guarantee	3
抵押	dǐyā	mortgage	3
额度	é'dù	quota	3
房贷	fángdài	housing loan	3
分期付款	fēnqī fùkuǎn	hire purchase	3
公积金	gōngjījīn	accumulation fund	3
购房	gòufáng	purchase a house	3
还款	huánkuǎn	repay	3
借款	jièkuǎn	borrow or lend money	3
利率	lìlǜ	interest rate	3
评估	pínggū	assess	3
全额	quán'é	total sum	3
审批	shěnpī	examine and approve	3

信贷	xìndài	credit	3
信誉	xìnyù	reputation	3
不良贷款	bùliáng dàikuǎn	non-performing loan	4
车贷	chēdài	car loan	4
贷方	dàifāng	creditor	4
贷记卡	dàijìkǎ	debit card	4
房产	fángchǎn	house property	4
放贷	fàngdài	loan	4
放款	fàngkuǎn	make loans	4
费率	fèilǜ	premium rate	4
高利贷	gāolìdài	usury	4
高息	gāoxī	high interest	4
还本付息	huánběn fùxī	repay capital with interest	4
还债	huán zhài	pay one’s debt	4
借贷	jièdài	borrow money	4
借方	jièfāng	debit	4
借据	jièjù	IOU	4
借债	jiè zhài	borrow money	4
流动资金	liúdòng zījīn	working capital	4
民间借贷	mínjiān jièdài	non-governmental lending	4
首付	shǒufù	down payments	4
无息贷款	wúxī dàikuǎn	interest free loan	4
小额	xiǎo’é	small amount	4
延时	yánshí	delay	4
有息贷款	yǒuxī dàikuǎn	interest bearing loan	4

业务类—银行—金融政策

申报	shēnbào	declare	1
支持	zhīchí	support	1
资金	zījīn	capital	1
报告	bàogào	report	2
波动	bōdòng	fluctuate	2
财富	cáifù	wealth	2
刺激	cìjī	stimulate	2
发展	fāzhǎn	develop	2
风险	fēngxiǎn	risk	2
改善	gǎishàn	improve	2
鼓励	gǔlì	encourage	2
管理	guǎnlǐ	manage	2
规模	guīmó	scale	2
行业	hángyè	industry	2
基金	jījīn	fund	2
季度	jìdù	quarter	2
加大	jiādà	enlarge	2
加强	jiāqiáng	strengthen	2
经济	jīngjì	economy	2
开发	kāifā	develop	2
目标	mùbiāo	target	2
企业	qǐyè	enterprise	2
提升	tíshēng	promote	2
投资	tóuzī	invest	2
完善	wánshàn	perfect	2

下降	xiàjiàng	decline	2
项目	xiàngmù	project	2
影响	yǐngxiǎng	affect	2
增长	zēngzhǎng	increase	2
政策	zhèngcè	policy	2
重点	zhòngdiǎn	focal point	2
促进	cùjìn	promote	3
大幅	dàfú	substantially	3
改革	gǎigé	reform	3
格局	géjú	pattern	3
回落	huíluò	drop	3
监管	jiānguǎn	supervise	3
金融	jīnróng	finance	3
宽松	kuānsōng	spacious	3
力度	lìdù	intensity	3
平稳	píngwěn	stable	3
趋势	qūshì	trend	3
实体	shítǐ	entity	3
适度	shìdù	moderate	3
调控	tiáokòng	regulate and control	3
推动	tuīdòng	promote	3
信贷	xìndài	credit	3
指标	zhǐbiāo	target	3
低息	dīxī	low interest	4
放松银根	fàngsōng yíngēn	loosen the money supply	4
负利率	fùlìlǜ	negative interest rate	4
固定利率	gùdìng lìlǜ	fixed interest rate	4

宏观调控	hóngguān tiáokòng	macro adjustment and control	4
货币供应	huòbì gōngyìng	money supply	4
加息	jiāxī	increase interest rate	4
流动性	liúdòngxìng	mobility	4
美联储	Měiliánchǔ	FRB	4
面额	miàn'é	denomination	4
融通	róngtōng	accommodate	4
融资	róngzī	finance	4
升息	shēngxī	to raise interest rates	4
实体经济	shítǐ jīngjì	real economy	4
贴息	tiēxī	pay interest in the form of a deduction when selling a bill of exchange	4
通货紧缩	tōnghuò jǐnsuō	deflation	4
通货膨胀	tōnghuò péngzhàng	inflation	4
通缩	tōngsuō	deflation	4
通胀	tōngzhàng	inflation	4
同比	tóngbǐ	compared to the same period of the previous year	4
信托	xìntuō	trust	4
央行	yāngháng	central bank	4
银监会	Yínjiānhuì	China Banking Regulatory Commission	4
增速	zēngsù	accelerate	4
证券	zhèngquàn	negotiable securities	4
准备金	zhǔnbèijīn	reserves	4

业务类—银行—理财

彩票	cǎipiào	lottery ticket	2
亏	kuī	lose	2
投资	tóuzī	invest	2
债	zhài	debt	2
本钱	běnqian	capital	3
储蓄	chǔxù	save	3
积蓄	jīxù	savings	3
理财	lǐcái	conduct financial transactions	3
钱财	qiáncái	money	3
人身保险	rénshēn bǎoxiǎn	life insurance	3
保险理财	bǎoxiǎn lǐcái	insurance financing	4
暴跌	bàodiē	fall steeply	4
暴涨	bàozhǎng	soar	4
不动产	bùdòngchǎn	immovable property	4
财务策划师	cáiwù cèhuàshī	financial consultant	4
炒汇	chǎohuì	speculate in foreign exchange	4
储备金	chǔbèijīn	reserved money	4
创利	chuànglì	create profits	4
创收	chuàngshōu	create income by providing paid services	4
纯利润	chúnlìrùn	net profit	4
纯收入	chúnshōurù	net income	4
纯收益	chúnshōuyì	net income	4
倒手	dǎoshǒu	change hands	4
个人理财	gèrén lǐcái	personal finance	4

规划师	guīhuàshī	planner	4
理财产品	lǐcái chǎnpǐn	financial products	4
理财师	lǐcáishī	financial consultant	4
年收益率	niánshōuyìlǜ	annual yield rate	4
收益率	shōuyìlǜ	yield rate	4
受托理财	shòutuō lǐcái	entrusted financing	4
投连险	tóuliánxiǎn	investment with insurance	4
外汇理财	wàihuì lǐcái	foreign exchange financing	4
网上理财	wǎngshàng lǐcái	online financing	4
注册师	zhùcèshī	registered division	4

业务类—营销—市场调查

市场	shìchǎng	market	1
增加	zēngjiā	increase	1
报告	bàogào	report	2
比例	bǐlì	proportion	2
贷款	dàikuǎn	make a loan	2
规模	guīmó	scale	2
品牌	pǐnpái	brand name	2
提高	tígāo	raise	2
调查	diàochá	investigate	2
显示	xiǎnshì	display	2
消费	xiāofèi	consume	2
影响	yǐngxiǎng	affect	2
增长	zēngzhǎng	increase	2
总数	zǒngshù	total	2
规范	guīfàn	standard	3
规划	guīhuà	plan	3
前景	qiánjǐng	prospect	3
调研	diàoyán	investigate and research	3
下跌	xiàdiē	fall	3
因素	yīnsù	factor	3
持平	chípíng	equal	4
商业化	shāngyèhuà	commercialization	4
同比	tóngbǐ	compared to the same period of the previous year	4

业务类—营销—商品介绍、推销

款式	kuǎnshì	style	1
形状	xíngzhuàng	shape	1
产品	chǎnpǐn	product	2
搭配	dāpèi	collocate	2
紧俏	jǐnqiào	(of consumer goods) in great demand but short supply	2
经典	jīngdiǎn	classic	2
精品	jīngpǐn	quality goods	2
上等	shàngděng	first-class	2
设计	shèjì	design	2
实用	shíyòng	practical	2
适合	shìhé	fit	2
手工	shǒugōng	handwork	2
系列	xìliè	series	2
效果	xiàoguǒ	effect	2
造型	zàoxíng	model	2
呈现	chéngxiàn	present	3
工艺	gōngyì	technology	3
精致	jīngzhì	delicate	3
廉价	liánjià	cheap	3
琳琅满目	línláng-mǎnmù	a myriad of beautiful objects	3
灵感	línggǎn	inspiration	4
质感	zhìgǎn	texture	4

业务类—营销—广告

报纸	bàozhǐ	newspaper	1
尺寸	chǐcùn	size	1
电视	diànshì	television	1
电台	diàntái	radio station	1
广告	guǎnggào	advertisement	1
收费	shōufèi	charge	1
网络	wǎngluò	network	1
户外	hùwài	outdoor	2
价值	jiàzhí	value	2
视频	shìpín	video	2
效果	xiàoguǒ	effect	2
宣传	xuānchuán	propagate	2
杂志	zázhì	magazine	2
策划	cèhuà	plan	3
传播	chuánbō	spread	3
媒体	méitǐ	medium	3
预算	yùsuàn	budget	3
招揽	zhāolǎn	solicit	3
广告部	guǎnggàobù	advertising department	4
黄金时段	huángjīn shíduàn	prime time	4
媒介	méijiè	medium	4
招商引资	zhāoshāng yǐnzī	attract investments from overseas	4

业务类—营销—策略

打折	dǎzhé	give a discount	1
广告	guǎnggào	advertisement	1
补贴	bǔtiē	subsidize	2
促销	cùxiāo	promote sales	2
竞争	jìngzhēng	compete	2
品牌	pǐnpái	brand name	2
调整	tiáozhěng	adjust	2
推销	tuīxiāo	promote sales	2
薄利多销	bólì-duōxiāo	small profits but quick returns	3
策略	cèlüè	stratagem	3
创新	chuàngxīn	innovate	3
兜售	dōushòu	sell	3
反响	fǎnxiǎng	echo	3
调控	tiáokòng	regulate and control	3
推广	tuīguǎng	popularize	3
销售	xiāoshòu	sell	3
形势	xíngshì	situation	3
预售	yùshòu	pre-sell	3
运营	yùnyíng	operate	3
举措	jǔcuò	measure	4
让利	rànglì	offer advantages	4
以旧换新	yǐjiù-huànxīn	trade in the old for the new	4
营销	yíngxiāo	marketing	4
滞销	zhìxiāo	be unsalable	4

业务类—营销—招标、投标

本期	běnqī	current period	2
参与	cānyù	participate in	2
公告	gōnggào	notice	2
截止	jiézhǐ	end	2
申请	shēnqǐng	apply for	2
项目	xiàngmù	project	2
资格	zīgé	qualifications	2
标价	biāojià	price	3
发行	fāxíng	issue	3
公示	gōngshì	make known to the public and seek opinions	3
签署	qiānshǔ	sign	3
施工	shīgōng	construct	3
授权	shòuquán	empower	3
招标	zhāobiāo	invite tenders	3
报价	bàojià	make an offer	4
承销	chéngxiāo	underwrite	4
竞标	jìngbiāo	compete for a bid	4
竞卖	jìngmài	compete to sell	4
开标	kāibiāo	open bids	4
授标	shòubiāo	award of contract	4
投标	tóubiāo	make a tender	4
招商	zhāoshāng	invite outside investments	4
中标	zhòngbiāo	get a tender	4

业务类—营销—拍卖

成交	chéngjiāo	seal a bargain	2
持有	chíyǒu	hold	2
公告	gōnggào	notice	2
争夺	zhēngduó	fight for	2
裁定	cáidìng	rule	3
筹集	chóují	collect	3
封顶	fēngdǐng	set a ceiling (on)	3
拍卖	pāimài	put sth up for auction	3
委托	wěituō	entrust	3
转让	zhuǎnràng	transfer the ownership of	3
筹款	chóukuǎn	raise money	4
抵偿	dǐcháng	compensate for	4
抵销	dǐxiāo	offset	4
抵债	dǐzhài	pay a debt in kind or by labour	4
抵账	dǐzhàng	repay a debt with goods	4
股权	gǔquán	stock ownership	4
挂牌	guàpái	hang out one's shingle	4
交易所	jiāoyìsuǒ	exchange	4
交易中心	jiāoyì zhōngxīn	trading center	4
竞价	jìngjià	compete in bidding at an auction	4
竞买	jìngmǎi	compete to buy	4
竞拍	jìngpāi	auction	4
竞投	jìngtóu	competitive bid	4
拍卖行	pāimàiháng	auction house	4
拍卖会	pāimàihuì	auction	4

业务类—应聘—自我介绍

参加	cānjiā	participate in	1
学习	xuéxí	study	1
毕业	bìyè	graduate	2
成绩	chéngjì	achievement	2
锻炼	duànliàn	take exercise	2
获得	huòdé	get	2
机会	jīhuì	opportunity	2
考官	kǎoguān	examiner	2
面试	miànshì	interview	2
培养	péiyǎng	cultivate	2
潜力	qiánlì	potential	2
性格	xìnggé	character	2
自身	zìshēn	oneself	2
组织	zǔzhī	organize	2
策划	cèhuà	plan	3
开朗	kāilǎng	optimistic	3
荣幸	róngxìng	honoured	3
相处	xiāngchǔ	get along (with)	3
协作	xiézuò	cooperate	3
自我介绍	zìwǒ jièshào	introduce oneself to	3
责任感	zérèngǎn	responsibility	4

业务类—应聘—简历

比赛	bǐsài	have a match	1
电子邮件	diànzǐ yóujiàn	e-mail	1
奖学金	jiǎngxuéjīn	scholarship	1
姓名	xìngmíng	(full) name	1
学习	xuéxí	study	1
学校	xuéxiào	school	1
英语	Yīngyǔ	english	1
本科	běnkē	undergraduate	2
毕业	bìyè	graduate	2
部门	bùmén	department	2
出生年月	chūshēng niányuè	date of birth	2
担任	dānrèn	hold (a post)	2
发表	fābiǎo	issue	2
负责	fùzé	be responsible for	2
管理	guǎnlǐ	manage	2
简历	jiǎnlì	resume	2
奖励	jiǎnglì	encourage and reward	2
教育	jiàoyù	educate	2
良好	liánghǎo	good	2
目标	mùbiāo	target	2
年度	niándù	year	2
培训	péixùn	train	2
期间	qījiān	period	2
求职	qiúzhí	look for a job	2
善于	shànyú	be good at	2

熟练	shúliàn	skilled	2
性别	xìngbié	gender	2
学位	xuéwèi	academic degree	2
研究生	yánjiūshēng	postgraduate	2
专业	zhuānyè	major	2
组织	zǔzhī	organize	2
工作经验	gōngzuò jīngyàn	work experience	3
行政	xíngzhèng	administration	3
籍贯	jíguàn	native place	3
经历	jīnglì	experience	3
精通	jīngtōng	master	3
居住地	jūzhùdì	place of residence	3
面议	miànyì	negotiate face to face	3
期望	qīwàng	expect	3
全职	quánzhí	full-time	3
硕士	shuòshì	master	3
特长	tècháng	specialty	3
相关	xiāngguān	be related to	3
意向	yìxiàng	intention	3
月薪	yuèxīn	monthly salary	3
院校	yuànxiào	universities and colleges	4
自我评价	zìwǒ píngjià	self evaluation	4

业务类—招聘—招聘启事

传真	chuánzhēn	fax	1
单位	dānwèi	(work) unit	1
地点	dìdiǎn	place	1
地址	dìzhǐ	address	1
服务	fúwù	service	1
工作	gōngzuò	work	1
公司	gōngsī	company	1
考试	kǎoshì	examination	1
人数	rénshù	the number of people	1
人员	rényuán	personnel	1
市场	shìchǎng	market	1
邮件	yóujiàn	mail	1
报名	bàomíng	sign up	2
本科	běnkē	undergraduate	2
笔试	bǐshì	written examination	2
处理	chǔlǐ	handle	2
方式	fāngshì	mode	2
丰富	fēngfù	rich	2
福利	fúlì	welfare	2
负责	fùzé	be responsible for	2
岗位	gǎngwèi	post	2
行业	hángyè	industry	2
简历	jiǎnlì	resume	2
截至	jiézhì	by	2
经验	jīngyàn	experience	2

精神	jīngshén	spirit	2
具备	jùbèi	have	2
具有	jùyǒu	have	2
考察	kǎochá	inspect	2
良好	liánghǎo	good	2
面试	miànshì	interview	2
名额	míng'é	number of people assigned or allowed	2
能力	nénglì	ability	2
培训	péixùn	train	2
企业	qǐyè	enterprise	2
启事	qǐshì	notice	2
全日制	quánrìzhì	full-time system	2
人才	réncái	skilled personnel	2
熟悉	shúxi	be familiar with	2
提供	tígōng	provide	2
体检	tǐjiǎn	physical examination	2
享受	xiǎngshòu	enjoy	2
学历	xuélì	academic background	2
业务	yèwù	business	2
拥有	yōngyǒu	have	2
优先	yōuxiān	have priority	2
有意者	yǒuyìzhě	interested party	2
招聘	zhāopìn	recruit	2
助理	zhùlǐ	assistant	2
助手	zhùshǒu	assistant	2
资格	zīgé	qualifications	2

策划	cèhuà	plan	3
诚聘	chéngpìn	hire sb. in good faith	3
高薪	gāoxīn	high salary	3
兼职	jiānzhí	part-time job	3
蓝领	lánlǐng	blue collar	3
聘	pìn	hire	3
筛选	shāixuǎn	select	3
投递	tóudì	deliver	3
销售	xiāoshòu	sell	3
应届毕业生	yìngjiè bìyèshēng	this year's graduate	3
有限公司	yǒuxiàn gōngsī	limited company	3
职位	zhíwèi	position	3
职责	zhízé	duty	3
钟点工	zhōngdiǎngōng	hourly employee	3
注重	zhùzhòng	pay attention to	3
专职	zhuānzhí	sole duty	3
雇用	gùyòng	employ	4
经济区	jīngjìqū	economic zone	4
零工	línggōng	odd job	4
农民工	nóngmíngōng	farmer workers	4
人才市场	réncái shìchǎng	employment market	4
人力资源	rénlì zīyuán	human resources	4
统招	tǒngzhāo	national unified entrance examination	4
责任心	zérènxīn	sense of responsibility	4

业务类—招聘—面试

介绍	jièshào	introduce	1
情况	qíngkuàng	situation	1
上班	shàngbān	go to work	1
收入	shōurù	income	1
背景	bèijǐng	background	2
毕业生	bìyèshēng	graduate	2
工资	gōngzī	wage	2
简历	jiǎnlì	resume	2
经理	jīnglǐ	manager	2
经验	jīngyàn	experience	2
就业	jiùyè	find a job	2
录取	lùqǔ	enrol	2
面试	miànshì	interview	2
聘任	pìnrèn	employ	2
求职	qiúzhí	look for a job	2
挑战	tiǎozhàn	challenge	2
压力	yālì	pressure	2
优势	yōushì	advantage	2
贡献	gòngxiàn	contribute	3
雇佣	gùyōng	hire	3
雇员	gùyuán	employee	3
雇主	gùzhǔ	employer	3
看重	kànzhòng	value	3
面试官	miànshìguān	interviewer	3
派遣	pàiqiǎn	dispatch	3

聘用	pìnyòng	employ	3
素养	sùyǎng	accomplishment	3
跳槽	tiàocáo	job-hop	3
应聘	yìngpìn	apply for an advertised post	3
应聘者	yìngpìnzhě	applicant	3
职位	zhíwèi	position	3
主管	zhǔguǎn	person in charge	3
总监	zǒngjiān	chief inspector	3
劳动合同	láodòng hétóng	labor contract	4
录用	lùyòng	hire	4
人力资源部	rénlì zīyuánbù	human resources department	4
人事管理	rénshì guǎnlǐ	personnel management	4
受聘	shòupìn	accept a job offer	4
薪资	xīnzī	salary	4

业务类—争议—协商、调解

接受	jiēshòu	accept	1
问题	wèntí	problem	1
采取	cǎiqǔ	take	2
达成	dáchéng	reach	2
法官	fǎguān	judge	2
法规	fǎguī	statute	2
沟通	gōutōng	connect	2
解决	jiějué	solve	2
客户	kèhù	customer	2
理解	lǐjiě	understand	2
赔偿	péicháng	compensate	2
平等	píngděng	equal	2
企业	qǐyè	enterprise	2
声明	shēngmíng	state	2
损失	sǔnshī	lose	2
约定	yuēdìng	appoint	2
责任	zérèn	responsibility	2
争论	zhēnglùn	debate	2
证据	zhèngjù	evidence	2
包容	bāoróng	pardon	3
保障	bǎozhàng	ensure	3
措施	cuòshī	measures	3
当事人	dāngshìrén	client	3
和解	héjiě	conciliate	3
和谐	héxié	harmonious	3

交涉	jiāoshè	negotiate	3
履行	lǚxíng	perform	3
索赔	suǒpéi	claim compensation against	3
挑剔	tiāoti	be fastidious	3
调解	tiáojiě	mediate	3
消费者	xiāofèizhě	consumer	3
协商	xiéshāng	consult	3
协调	xiétiáo	coordinate	3
协议	xiéyì	agreement	3
折中	zhézhōng	compromise	3
争端	zhēngduān	controversial issue	3
争议	zhēngyì	dispute	3
仲裁	zhòngcái	arbitrate	3
工伤	gōngshāng	industrial injury	4
劳资纠纷	láozī jiūfēn	labor dispute	4
调解委员会	tiáojiě wěiyuánhuì	mediation committee	4
调解员	tiáojiěyuán	mediator	4

业务类—争议—仲裁

办理	bànlǐ	handle	1
通知	tōngzhī	notice	1
按照	ànzhào	according to	2
包括	bāokuò	include	2
补偿	bǔcháng	compensate	2
程序	chéngxù	procedure	2
法院	fǎyuàn	court	2
顾问	gùwèn	adviser	2
合同	hétóng	contract	2
机构	jīgòu	organization	2
鉴定	jiàndìng	appraise	2
解决	jiějué	solve	2
纠纷	jiūfēn	dispute	2
律师	lǜshī	lawyer	2
起诉	qǐsù	prosecute	2
请求	qǐngqiú	request	2
权利	quánlì	right	2
申请	shēnqǐng	apply for	2
申请人	shēnqǐngrén	applicant	2
提交	tíjiāo	submit to	2
投诉	tóusù	complain	2
证据	zhèngjù	evidence	2
证明	zhèngmíng	prove	2
制度	zhìdù	system	2
终止	zhōngzhǐ	terminate	2

裁决	cáijué	adjudicate	3
处置	chǔzhì	management	3
当事人	dāngshìrén	client	3
否决	fǒujué	veto	3
管辖	guǎnxiá	have jurisdiction over	3
解除	jiěchú	relieve	3
举报	jǔbào	report	3
受理	shòulǐ	accept and attend to	3
授权	shòuquán	empower	3
条款	tiáokuǎn	clause	3
调解	tiáojiě	mediate	3
委员会	wěiyuánhuì	committee	3
效力	xiàolì	effect	3
协商	xiéshāng	consult	3
协议	xiéyì	agreement	3
异议	yìyì	objection	3
争议	zhēngyì	dispute	3
执行	zhíxíng	implement	3
仲裁	zhòngcái	arbitrate	3
裁决书	cáijuéshū	arbitral award	4
法定	fǎdìng	legal	4
监察部门	jiānchá bùmén	supervision department	4
劳动争议	láodòng zhēngyì	labor dispute	4
劳动仲裁	láodòng zhòngcái	labor arbitration	4
赔偿金	péichángjīn	indemnity	4
申诉	shēnsù	appeal for justice	4

时效	shíxiào	prescription	4
诉讼时效	sùsòng shíxiào	limitation of action	4
委托书	wěituōshū	power of attorney	4
责令	zélìng	order	4
仲裁法	zhòngcáifǎ	arbitration law	4
仲裁书	zhòngcáishū	arbitral award	4
仲裁员	zhòngcáiyuán	arbitrator	4

业务类—争议—诉讼

被告	bèigào	defendant	2
法庭	fǎtíng	court	2
公告	gōnggào	notice	2
官司	guānsi	lawsuit	2
起诉	qǐsù	prosecute	2
请求	qǐngqiú	request	2
提起	tíqǐ	mention	2
违法	wéifǎ	break the law	2
违反	wéifǎn	violate	2
赢	yíng	win	2
最终	zuìzhōng	final	2
辩护	biànhù	defend	3
裁定	cáidìng	rule	3
裁决	cáijué	adjudicate	3
陈述	chénshù	state	3
监督	jiāndū	supervise	3
判决	pànjué	sentence	3
披露	pīlù	reveal	3
敲诈	qiāozhà	extort	3
侵权	qīnquán	violate sb's lawful rights	3
权益	quányì	rights (and interests)	3
上诉	shàngsù	appeal	3
涉嫌	shèxián	be a suspect	3
审判	shěnpàn	bring to trial	3
受理	shòulǐ	accept and attend to	3

司法	sīfǎ	judicatory	3
诉讼	sùsòng	litigate	3
条款	tiáokuǎn	clause	3
违约	wéiyuē	break a contract	3
争议	zhēngyì	dispute	3
证人	zhèngrén	witness	3
执法	zhífǎ	enforce the law	3
不法	bùfǎ	illegal	4
法定	fǎdìng	legal	4
反诉	fǎnsù	counterclaim	4
检察机关	jiǎnchá jīguān	procuratorial organ	4
民事	mínshì	civil	4
民事案件	mínshì ànjiàn	civil case	4
赔款	péikuǎn	pay an indemnity	4
申诉	shēnsù	appeal for justice	4
审理	shěnlǐ	hear	4
诉讼法	sùsòngfǎ	procedural law	4
诉讼费	sùsòngfèi	litigation expense	4
听证	tīngzhèng	hear the evidence	4
违约金	wéiyuējīn	liquidated damages	4
原告	yuángào	plaintiff	4
债务重组	zhàiwù chóngzǔ	debt restructuring	4
指控	zhǐkòng	charge	4
终审	zhōngshěn	make a final judgment	4
最终解释权	zuìzhōng jiěshìquán	final interpretation	4

商务汉语词汇等级大纲

一级词语表

A

AA制
ATM机
安检
安排
安全
安装
按

B

八
白酒
百
拜访
办法
办公室
办理
帮助
包裹
包间
保险
报纸
抱歉
北部
比较
比赛
必须
标准间
表格
拨打
不满

C

菜单
参加
餐馆
餐厅
茶
茶叶
长期
长途汽车
超过
超市
车费
车票
车位
车站
成功
乘客
乘坐
橙汁
吃饭
尺寸
充值
出厂
出发
出国
出口
出示
出现
出租
出租车
厨房
传真
窗口
存
存款
存折

D

打包
打车
打的
打开
打算
打印
打折
大量
大厦
大使馆
大写
大学生
单程
单程票
单人床
单人间
单位
当地
导游
到达
到站
登机
登记
地点
地区
地铁
地铁站
地图
地址
点菜
电话
电汇
电脑
电器
电视
电台
电梯
电子邮件
订餐
订票
短期
短信
对不起
对方

E

二

F

饭店
饭馆
方便
方向
房东
房费
房号
房价
房间
房卡
房屋
房租
放心
飞机
飞机票
费用
份
风
否认
服务
服务员
服装
付款
附近
复印
复印件

G

干杯
感谢
高速
高速公路
高铁
高兴
告别
个人
各位
工厂
工作
公共汽车
公交
公里
公路
公司
公务舱
顾客
关于
广播
广场

广告
逛街
柜台
贵
贵姓
国际长途
国家
果汁

H

海关
害怕
航班
航空
号码
喝
红绿灯
候车
互联网
护照
欢迎
环境
汇款
会员
会员卡
活动
火车
火车票
火车站

J

机场
机票
计算机
寄存处
寄件人
加上
家具
价格
价钱
假期
检查
简单
见到
见面
奖学金
交费
交通
饺子
接受
接听
节日
介绍
借记卡
今后
今天
进口
经济舱
景点
警察
九
酒吧
酒店
举行

K

咖啡
卡
卡号
开车
开会
考试
烤鸭
客车
客房
客人
客厅
空气
空调
口味
苦
快餐
快递
快件
筷子
款式
矿泉水

L

来电
劳驾
老板
离开
礼物
连锁店
联系
零
零钱
留言
流行
六
楼梯
路口
旅店
旅行
旅行支票
旅客
旅游

M

码头
买
买单
买票
卖
馒头
满意
美元
门票
米饭
密码
免费
面积
面条
名单
名牌
名片
目前

P

牌
牌子
赔
朋友
啤酒
便宜
票
票价
平安
平方米

Q

七
其他
起飞
气温
汽车
汽车站
千
签证
签字
前台
钱
情况
晴
请假
请假条
请进
请客
请问
请坐
庆祝
取款
取消
全场
全球
缺少

R

热情
人民币
人数
人员
认为
日期
入境
入口
入住

S

三
商场
商店
商品
商人
商务舱
商业
上班
上菜

上铺
上网
少数
申报
身份证
身体
生意
十
时间
食品
食堂
食物
使馆
使用
世界
市场
市区
事情
试
收费
收入
收银台
手机
手续
首先
售货员
售票处
售票厅
售票员
数量
数字
刷卡
双方
双人间
顺利
四
酸

T

套
套间
特价
特快专递
特色菜
提款机
天桥
甜
填写
铁路
停车
停车场
通知
同事
同意
头等舱
退票

W

外国
外卖
完成
晚点
晚会
万事如意
网络
网上
网页
网站
网址
往返
往返机票
往返票
卫生
卫生间
味道
问路
问题
卧铺
卧室
握手
五

X

西餐
西餐厅
西装
洗衣
洗衣房
下车
下铺
先生
咸
现金
现在
相信
箱子
小费
小区
谢谢
信封
信号
信息
信用卡
行李
形状
姓名
休息
需要
学生证
学习
学校
雪

Y

押金
邀请
要求
一
一路平安
医院
以后
以上
意外
阴
银行
银行卡
饮料
英文
英语
迎接
硬座
用餐
用品
优惠
邮寄
邮件
邮政
邮政编码
邮政储蓄
游客
游泳
右转
雨
预报

Z

再见
增加
张
账单
账号
账户
着急
照片
证件
支持
直飞
直走
至今
质量
中餐
中餐厅
中国菜
中心
重量
重要
周围
主食
主要
住房
住宿
准备
资金
自动取款机
自行车
租
租房
租金
左右
左转
座位

二级词语表

A

按摩
按时
按照
澳元

B

把握
罢工
白领
百分比
百分点
班机
办公
办事
办事处
半价
包含
包括
包退包换
包装
保存
保护
保留
保险箱
保修期
保证
保质期
保重
报告
报名
报失
报团
抱怨
背景
被告
本地
本科
本期
本人
比例
比重
笔试
毕业
毕业生
闭幕
避免
便利
便条
标题
标志
标准
标准房
表示
表现
别墅
宾客
冰镇
病假
波动
补偿
补充
补贴
补助
不敢当
不客气
不幸
布置
步行
部门

C

材料
财产
财富
采购
采取
采用
彩票
菜谱
参观
参考
参与
餐具
餐券
餐饮
餐桌
仓库
操作
差别
差异
查看
查询
差旅费
产量
产品
长假
长途
常识
厂长
场地
场合
场所
钞票
超出
超级市场
潮流
潮湿
车次
车库
撤销
称呼
成本
成分
成果
成绩
成交
成立
成品
成熟
成员
诚实
诚信
承办
承诺
承认
城区
乘车
程序
迟到
持有
冲击
冲突
充足
抽奖
出差
出访
出行
出境
出票
出入
出入境
出入境管理
出生年月
出售
出席
出游
初步
初期
厨师
处罚
处理
储存
储蓄所
传达
传递
传统
创办
创建
创立
创造
春运
辞职
次数

刺激
从事
促使
促销
存钱
存取
存入

D

搭配
达成
答复
打工
打扰
打听
打印机
大路货
大批
大雾
大型
代表
代价
贷款
待遇
担任
单价
耽搁
到来
到期
盗版
道德
道歉
登记表
登记费
等候
等级
等于
地道
地理位置
递给
典礼
电话银行
电子
店员
店主
调查
订房
订票中心
订座
定期
定位
动车组
动身
堵车
锻炼
对比
对手
对外

E

儿童票

F

发表
发布
发达
发明
发票
发送
发展
罚款
法官
法规
法律
法庭
法院
反对
范围
方案
方面
方式
防止
房主
仿制
访问
放弃
放松
分工
分期
分散
分享
丰富
丰盛
风格
风景
风俗
风险
服务费
服务台
符合
幅度
福利
付出
付钱
付账
负担
负责
负责人
复印机
副

G

改进
改善
改正
干预
岗位
港口
高层
高档
高度
高级
高价
高科技
高温
告辞
隔音
个别
个人账户
个体
各式各样
各种各样
根据
更换
更正
工程
工行
工具
工业
工资
工作单位
工作人员
公布
公费
公告
公开
公民
功能
恭喜
恭祝
共计
共同
供给
供应
沟通
购买
购物
购物中心
股东
股票
鼓励
鼓掌
固定
故障
顾问
挂失
拐角
关键
关系
关心
观察
观光
官司
管道
管理
光临
逛
规定
规模
规则
鬼天气
贵宾席
国产

国际
过程

H

海外
海鲜
行业
航空公司
好运
好转
合法
合格
合理
合适
合同
合租
合作
核心
贺卡
衡量
户口
户名
户外
花费
花钱
化妆品
欢迎光临
还价
环保
环节
缓解
换乘
换钱
黄金
黄金周
黄牛党
回电
回收
汇款人
汇率
会议
惠顾
活期
伙伴
货
获得
获取

J

机构
机关
机会
积极
积累
基金
激烈
及时
集体
集团
计划
计算
记录
记账
纪律
技巧
技术
季度
季节
继续
寄存
加班
加大
加工
加快
加强
加入
嘉宾
夹菜
假货
假冒伪劣
价目表
价值
坚固
检测
减少
简介
简历
建立
建设
建议
健康
健身
鉴定
讲价
讲究
奖金
奖励
奖品
降低
降价
降温
交际
交流
交通工具
交易
教育
接待
接风
接收
接线员
节省
节约
结果
结合
结实
结账
截止
截至
解雇
解决
解释
届
金额
紧俏
进餐
近期
禁止
经典
经济
经理
经验
经营
精美
精品
精神
竞争
敬酒
境外
纠纷
究竟
久仰
酒杯
酒店服务
就业
居民
居住
举办
举起
巨款
拒绝
具备
具体
具有
距离
聚会
决定
均

K

开发
开放
开户
开户行
开价
开始
开通
开业
开展
开支
砍价
看房
看好
看望
考察
考官
考虑
考勤
客服
客户
客满
客套话
空间
恐怕

控制
跨行
会计
款
款待
亏
亏本
扩展

L

垃圾邮件
辣
浪费
类似
冷盘
礼貌
礼品
理解
理由
立场
利润
利息
利益
利用
联合
良好
凉菜
了解
临时
灵活
零售
零售价
领导
领取
留学签证
留言条
流动
流利
流水账
流通
楼层
录取
路线
轮船
落地签证
落座
旅行社
旅行团
律师

M

买卖
卖出
满足
漫天要价
冒昧
贸易
美好
美金
美食
迷路
秘密
秘书
免费试用
免签
面临
面食
面试
面向
描述
民间
名额
名义
名誉
明确
明显
摩托车
目标

N

纳税
内存
内地
内行
内容
能干
能力
年度
农产品
努力
女士
女性

P

排列
排名
派
判断
盼望
陪
陪同
培训
培养
赔偿
配备
配套
批
批发价
批发市场
批准
品牌
品质
品种
聘请
聘任
平等
平衡
平均
平台
评论
凭单
破产
葡萄酒
普通

Q

期间
期限
齐全
奇怪
企业
启动
启事
起诉
气氛
气候
气象台
签订
签名
前途
潜力
欠
亲自
轻轨
轻松
倾向
清淡
清理
晴朗
请柬
请教
请求
请帖
求职
区域
渠道
权力
权利
全价
全面
全日制
全体
缺乏
缺货
缺陷
确保
确认

R

热菜
热点
热烈
热闹
热线
人才
人均
人力
认可
认识
任务
日常
如何
入境签证
入账
软件

S

色彩
善于
商量
商务
商务中心
上当
上等
上级
上升
上市
上涨
勺子
少量
设备
设计
社区
申请
申请表
申请人
身份
升级
升值
生产
声明
剩
失误
失业
时机
时期
时尚
时装
实惠
实际
实价
实力
实用
拾
市民
式
事故
事假
事先
试点
试验
试用期
视频
是否
适合
适用
收件人
收看
收款人
收取
手段
手工
手续费
首席
售后
售票
舒适
输出
输入
熟练
熟悉
薯条
数据
数码
数目
率先
水分
水货
税
顺序
说服
说明
说明书
丝绸
送别
送餐
送行
送礼
速递
塑料
损害
损失

T

太极
态度
汤匙
讨价还价
讨论
特点
特卖
特色
特殊
提出
提高
提供
提交
提款
提起
提前
提升
提醒
体积
体检
天气预报
填表
挑选
条件
调整
挑战
停留
通道
通过
通行
通话
通信
通信地址
通讯
同期
统计
统一
投入
投诉
投资
突破
图案
团队
推迟
推出
推销
退出
退房
退换
退回
退货
退休

W

外币
外出
外地
外观
外汇
外资
完善
网店
网购
网上订票
网上交易
网上商城
网上银行
网上支付
网银
往来
危机
危险品
威士忌
威胁
微笑
为期
违法
违反
维护
维修
位于
位置
味精
文化
文件
稳定
问候
卧铺票
污染
无故
无线上网
无效
物价
物流

物美价廉
物品
物业
物资

X

吸收
吸引
希望
习惯
喜酒
系列
细节
下级
下降
下榻
下载
先进
显示
现场
线路
陷入
香槟
香烟
享受
想念
项目
消除
消费
消耗
小票
小数点
小写
效果
携带
写字楼
辛苦
新闻
新型
新兴
薪水
信任
信用
星级
行程
行为
形式
形象
型号
兴旺
兴趣
幸福
幸会
幸运
性别
性格
休假
休息日
修车
修改
修理
需求
许可
宣布
宣传
选拔
选择
学历
学生票
学位
询问

Y

压力
延期
延续
延长
严格
严重
沿海
研发
研究生
眼光
宴会
羊肉
业务
业主
一次性
一口价
一流
一致
医药
仪式
移民
移民局
遗憾
以下
义务
议会
意见
意识
引导
引进
饮食
英镑
营业
营业时间
赢
赢得
影响
应酬
应答
应当
硬件
拥抱
拥有
用户
优点
优良
优势
优先
优秀
邮政速递
邮资
友谊
有关
有空
有名
有效
有效证件
有意者
娱乐
愉快
玉米
预防
预计
预约
遇到
员工
原价
原件
原谅
原料
愿望
约定
允许
运行
运气
运输
运用

Z

杂志
仔细
再度
赞助
遭受
遭遇
早期
造成
造型
责任
增长
赠品
赠送
宅急送
债
展览
展示
占线
站台
涨
涨价
掌声
账簿
账目
障碍
招聘
召开
珍重
争夺
争论
争取

整体
正当
正规
正品
正式
证据
证明
证书
政策
支出
支付
知名
直接
值班
纸箱
纸张
指定
制度
治安
中介
中途
中外
终止
种类
重点
重视
周年
周期
主菜
主客
主题
助理
助手
住宿费
注册
祝贺
祝愿
专柜
专卖店
专业
专用
转告
转换
转接
转弯处
转移
转账
赚
赚钱
装修
状态
准确
准时
桌布
咨询
资本
资格
资料
资助
自动
自动扶梯
自动售货机
自身
自选商场
自由
总裁
总计
总结
总经理
总量
总数
走私
租户
组合
组织
最后
最佳
最终
尊敬
尊重
遵守
作品
做东

三级词语表

A

按揭
案件
案例
昂贵
盎司

B

捌
佰
拜托
颁布
搬迁
搬运
板块
版权
包袱
包容
包装盒
包租
饱和
保险柜
保修
保修单
保障
报酬
报销
报账
暴利
本钱
崩溃
闭馆
编号
贬值
变更
变质
便捷
辩护
标价
标签
别致
冰雹
并购
拨款
驳回
泊位
博览会
薄利多销
薄弱
补办
补给
不可思议
不胜感激
布局
步骤
部件
部署

C

财经
财力
财务
财政
裁定
裁决
采访
采纳
菜系

菜肴
参会
参展
参照
草案
策划
策略
层出不穷
层次
差错
差额
查处
查明
查找
拆迁
产地
产假
产区
产业
产值
长远
常年
偿付
偿还
厂家
厂商
场面
畅销
炒股
炒作

车程
车间
车展
陈述
趁机
成本价
成就
成套
成效
呈现
诚恳
诚聘
诚意
诚挚
承包
承担
澄清
驰名
持卡人
持续
赤字
重申
重组
筹备
筹划
筹集
出厂价
出具
出资
初次

储备
储户
储蓄
处置
穿着
传播
创始
创始人
创新
创业
创意
辞职信
次序
赐教
促进
存储
存放
存款单
磋商
措施

D

达标
打官司
打交道
打招呼
大豆
大幅
大功告成
大体
大同小异

大宗
代理
代理人
代领
代码
带动
担保
耽误
淡季
当事人
当务之急
当之无愧
档次
导向
倒闭
到账
得力
得体
得天独厚
等额
低估
低价
低廉
低迷
抵触
抵消
抵押
底价
底薪
递交

电信
店铺
吊销
调动
调研
订单
订购
订金
定价
定金
东道主
董事
董事会
董事长
动工
动用
冻结
兜售
豆油
独家
度假
短缺
对策
对照
兑换
兑奖
兑现

E

额
额度
额外
贰

F

发布会
发财
发车
发放
发行
发挥
发货
发卡
发证
翻番
繁华
繁忙
反弹
反馈
反响
反映
返还
防晒
房贷
房地产
房市
房型
纺织
分店
分公司
分行
分红

分配
分批
分期付款
分析
分支
氛围
份额
风力
封顶
否决
付费
付款方式
付清
负面
负数
赴宴
复苏
副作用
富裕

G

改革
改革开放
改良
改造
盖章
尴尬
感激
感谢信
港币
高额
高峰期
高新技术
高薪
告知
格局
格式
个人资料
各行各业
根基
更改
工本费
工会
工商
工艺
工艺品
工资单
工作经验
工作日
公安局
公道
公共场所
公共交通
公关
公积金
公款
公平
公示
公事
公正
公证
供不应求
供货
供求
恭候
恭维
共识
贡献
购房
购置
估算
股份
股民
股市
雇佣
雇员
雇主
瓜分
关税
关照
关注
观望
管辖
惯例
光顾
广交会
归还
归属
规范
规格
规划
规矩
规律
贵宾
贵重
国有
过错
过户
过奖
过境
过期
过剩
过时

H

海域
海运
寒暄
行家
行情
航线
豪华
好客
耗费
合并
合伙
合计
合算
合约
合资
和解
和谐
核对
阖家
贺词
后顾之忧
后会有期
户口簿
户内
户型
花卉
划算
化纤
话别
还款
换成
挥手
回报
回扣
回馈
回落
回升
回执
汇报
汇出
会场
会馆
会见
会客室
会面
会所
会谈
会议室
会议厅
会展
贿赂
婚假
货比三家
货币
货舱
货架
货摊
货物
货运
货真价实

J

机遇
机制
积分
积蓄
基础设施
基准
集装箱
集资
籍贯
挤压
计费
计时
忌讳
寄回
寄送
加倍

加盟
加薪
家用电器
家喻户晓
家族
甲方
假币
假冒
价廉物美
价位
价值观
监测
监督
监管
兼职
检验
减价
减免
饯行
建筑面积
健全
鉴别
鉴赏
鉴于
奖券
交付
交接
交纳
交涉
交谈
交通费
角度
缴费
缴纳
接风洗尘
接轨
竭诚
解除
届时
界定
借款
借条
金价
金融
津贴
紧缩
进出口
进货
进价
禁忌
经济适用房
经历
经贸
经商
精打细算
精明
精通
精细
精益求精
精致
景区
净重
敬业
玖
酒会
酒量
救助
居住地
举报
巨额
巨商
巨头
捐款
捐赠
捐助
决策
决议
诀窍

K

开办
开发区
开发商
开朗
开拓
开销
看涨
看重
考核
考验
可观
客票
口碑
口信
扣除
扣款
夸奖
夸赞
跨国
跨年度
快捷
宽松
款项
亏损
扩张

L

拉动
来宾
赖账
蓝领
劳动力
劳累
劳务
老字号
乐意
累计
类型
离别
离席
离职
礼仪
理财
理念
理性
力度
利率
莅临
连锁
联盟
廉价
谅解
劣势
劣质
邻近
邻座
琳琅满目
零件
领班
领馆
领域
浏览
流程
流量
流入
隆重
垄断
楼盘
楼市
陆
路况
路人
络绎不绝
落实
旅费
履行

M

买方
买家
买入
买主
卖方
卖家
卖主
矛头
茅台
冒牌
媒体
美德
美观
门童
梦想
免除
面料
面试官
面谈
面议
面值
庙会
民用
名副其实

名贵
名声
明细账
模式
磨损
木板
木箱
目录

N

纳税人
内需
能源
年假
年薪
年终
年终奖
扭转
女宾

O

欧元

P

拍卖
排行榜
徘徊
派遣
攀升
判决
泡沫
赔本
佩服
配合
配件
配置
烹饪
批发
批量
披露
疲劳
票务中心
拼搏
频繁
频率
品位
品味
聘
聘用
平价
平稳
平行
评定
评估
评价
评审
评选
凭证
瓶装
迫使
普遍
普及

Q

柒
期望
欺诈
歧视
棋牌
乞求
企业家
启程
起步
起草
起点
起伏
起价
契约
洽谈
恰到好处
仟
签单
签署
签约
前景
前期
前所未有
前提
钱财
潜在
谴责
欠款
欠条
欠账
歉意
强劲
强势
敲诈
钦佩
侵犯
侵权
轻而易举
倾销
清单
清账
情报
庆典
庆贺
求救
求助
驱动
趋势
曲线
取而代之
权益
全程
全额
全职
劝告
缺口
缺席

R

燃油费
让步
扰乱
热卖
热衷
人次
人身保险
人文
人造
认定
认清
认证
日程
日程安排
日程表
日益
日用品
日元
荣幸
荣誉
容量
容纳
容许
融合
融入
入席
入乡随俗
锐减

S

叁
扫描
杀毒
杀价
沙尘暴
筛选
删除
擅长
伤感
商标
商家
商品房
商铺
赏光
上任
上诉
上调
上限
上旬
稍候
奢侈
设法
设立
设施
设想
设宴
设置
涉及
涉嫌
申办
申请书
深厚

深化
深入人心
审查
审定
审核
审判
审批
升职
生态
生效
声誉
胜任
盛情
失效
施工
时差
时段
时间表
时髦
时速
实行
实施
实体
实现
市场经济
式样
事务
事项
事业
试行

试营业
试用
视察
适度
收藏
收购
收据
收款
收益
收支
受贿
受理
授权
售后服务
售价
书面
书写
数额
衰退
双边
双赢
水涨船高
税收
税务
顺便
顺差
顺理成章
顺应
硕士
司法

私家车
私营
私有
肆
搜查
搜集
搜索
诉讼
素养
素质
算盘
损坏
缩水
缩写
缩影
索赔

T

摊位
谈判
探讨
探望
淘汰
套房
特产
特长
特权
特邀
提议
体验
挑剔

条款
调节
调解
调控
跳槽
跳蚤市场
停产
停车位
通行证
同步
同等
同行
同类
同盟
童叟无欺
投递
投机
透支
图表
途径
土特产
推测
推动
推广
推荐
推进
推算
退还
退款
退休金

拖欠
拖延
脱颖而出
妥
妥善
妥协
拓宽
拓展

W

外宾
外行
外贸
外企
挽回
晚宴
网点
旺季
违背
违规
违禁品
违约
维持
维修点
维修站
伪造
委托
委婉
委员会
文本
伍

务必
物有所值
误差

X

吸纳
息息相关
熙熙攘攘
习俗
席次
系统
细目
下跌
下岗
下落
下属
下调
下旬
下游
衔接
显而易见
显著
现房
现象
现状
限度
限制
陷阱
相差
相处
相关

相应
详细
享有
想方设法
消费者
萧条
销毁
销量
销售
小贩
小数
效力
效率
效益
效应
协定
协会
协商
协调
协同
协议
协作
携手
泄密
新潮
新式
新颖
薪酬
信贷
信誉

兴建
行政
形势
性价比
性能
雄厚
休会
休闲
修订
修正
虚假
许可证
循环
循序渐进

Y

压缩
延迟
延误
沿途
演示
演绎
宴请
宴席
验收
养老金
样本
样品
样式
邀请函
邀请信

要紧
业绩
一本万利
一等奖
一揽子
一系列
医保
医疗保险
依法
依据
壹
移动电话
移交
遗留
遗漏
乙方
以次充好
议程
异议
意向
因素
因特网
阴冷
银卡
引擎
引人注目
引入
饮酒
印刷
印象

应有尽有
盈利
营造
影响力
应届毕业生
应聘
应聘者
应邀
硬币
拥挤
涌入
踊跃
优化
优惠价
优质
由衷
邮购
游览
有利
有限
有限公司
有效期
有益
有助于
余
余地
余额
雨夹雪
语音提示
预测

预订
预定
预告
预期
预售
预算
预祝
原材料
原始
原则
远程
远见
远期
约束
月工资
月薪
运营
运转
运作

Z

在线
在座
赞美
造价
噪声
增产
增强
增收
增值
诈骗

债务
展出
展馆
展会
展览会
展览厅
展区
展台
展厅
展销会
崭新
占地
占用
战略
战术
涨跌
涨停
账簿
账本
账款
招标
招待
招待会
招揽
招牌
招收
招租
召集
照常
折叠

折合
折扣
折中
真诚
争端
争先恐后
争议
争执
征求
征收
整顿
整合
整数
证人
郑重
支付方式
支行
支票
执法
执行
执照
职工
职能
职位
职务
职业
职员
职责
纸币
指标
指导
指教
指令
指数
制订
制定
制品
制约
质地
质优价廉
治理
致辞
致歉
致谢
秩序
滞后
中国通
中外合资
中旬
中止
钟点工
衷心
仲裁
众所周知
周边
周到
逐年
主宾
主导
主顾
主管
主机
主力
主体
注入
注重
祝词
祝酒词
专利
专卖
专人
专题
专职
转让
转向
撰写
状况
追究
准许
准则
着手
兹
资产
资源
子公司
自费
自驾车
自驾游
自私自利
自我
自我介绍
自由行
自助游
宗教
综合
总部
总店
总额
总公司
总和
总监
总账
纵观
走俏
租赁
阻力
组装
钻空子
遵循
作废
坐落

四级词语表

A

爱莫能助
按期

B

败诉
版本
版税
半成品
包工包料
包工头
包销
包装箱
保兑
保额
保费
保护措施
保价
保税区
保险额
保险费
保险公司
保险理财
保险索赔
保险业
保险证
保有量
保证金
保证人
保值
报案
报表
报复关税
报关
报关行
报价
报价单

报检
报盘
报批
报审
报收
报税
报税单
报送
报销单
报验
暴跌
暴涨
备案
备货
备忘录
被保险人
被访者
被诉人
本金
本土化
本息
崩盘
比价
比率
比值
币值
币种
闭市
壁垒
避税
边境贸易
变革
变相涨价
标的
标明
标书
标注
表述
并购案
驳船
补偿贸易
补水
补税
补助费
不当
不动产
不法
不可撤销信用证
不可抗力
不良贷款
不良资产
部门经理

C

财产权利
财会
财税
财团
财务策划师
财政部
财政赤字
财政年度
财政收入
财政支出
裁决书
裁员
参保
参股
参展商
残次品
残损
仓储
仓促
舱位
草拟
差别待遇
差价
查核
查获
查验
查账
查证
产出
产权
产权交易
产销量
产业发展
产业结构
产业链
长途运输
长线
超跌
超额
超前消费
超支
超值
超重
炒汇
车贷
车市
车险
撤诉
撤资
陈货
陈列
称职
称谓
成交额
成交价
成员国
承保
承兑
承兑交单
承购
承销
承销商
承运
承租
吃紧
持仓
持股
持平
持有人
冲账
抽查
抽验
抽样
酬金
酬劳
酬谢
筹建
筹款
筹资
出产
出货
出境签证
出境游
出口商
出口退税
出口信用保险
出纳
出品
出让
出资额
初审
储备金
储藏
储量
处理品
传销
船运
创汇
创利
创收
创投
创业基金
创业投资
垂询
纯利润
纯收入
纯收益
次品
粗放
催款
存根
存户
存货
存款证明
存现

D

大额
大户
大盘
大展宏图
呆账
代办
代表处
代理点
代理权
代理商

代收
代售
代销
代销商
带薪
贷方
贷记卡
贷款担保
待价而沽
担保金
担保人
单边贸易
单据
单证
倒手
到岸
到岸价格
道路运输
道琼斯指数
道喜
等价交换
低档
低端
低劣
低息
抵偿
抵销
抵押贷款
抵债
抵账

地产
地产税
地方税收
地价
地税
地租
递减
递增
第二产业
第三产业
第一产业
典当
电子签名
电子认证
电子商务
店庆
垫付
垫款
调拨
跌幅
跌破
跌势
跌停
跌至
订舱
订货
订货量
订阅
定额
动产

豆粕
逗留
独创性
独家代理
独资
短线
对外开放
对外贸易
对账
兑付
兑换单
兑换率
兑取
吨位
多边贸易
多元化

F

发盘
发售
罚金
法定
法定代理人
法律效力
法律责任
法人
反比
反规避
反倾销
反倾销税
反诉

返券卡
返销
防潮
防水
防伪
防震
房产
房契
房源
房展
纺织品
放贷
放款
放松银根
非关税壁垒
非卖品
非正式
费率
分摊
分析报告
分销
风投
风投机构
风土人情
风险投资
风险预警
风险资本
奉行
服务业
浮动

浮动汇率
浮动价格
辅料
付款交单
付息
付现
负利率
负增长
负债
附加税
附加险
附加值
复函
复检
复验
副本

G

改制
改组
高端
高科技园区
高利贷
高朋满座
高升
高温补贴
高息
告急
个股
个人财产
个人理财

个人所得税
个人信用
个税
个体工商户
个体经济
各界
跟单
跟风
工龄
工钱
工伤
工商管理
工时
工薪阶层
工休
工业区
工业园区
工种
工资制
公共关系
公平交易
公平竞争
公债
公章
攻略
供过于求
供货商
供求关系
供求平衡
供需

供应链
供应商
购车贷款
购货
购买力
购销
估价
股本
股东大会
股份公司
股份制
股价
股金
股票交易所
股票经纪人
股票流通
股权
股权分置
股权激励
股权转让
股息
固定汇率
固定价格
固定利率
固定资产
固定资金
雇用
挂牌
关卡
关贸总协定
关税壁垒
关税联盟
官价
管控
管理层
管制
罐装
广告部
广告费
规避
规划师
规模效益
国货
国际惯例
国际航空
国际金融
国际贸易
国际市场
国际协作
国家税收
国家质检
总局
国库
国库券
国民待遇
国民经济
国民生产总值
国民收入
国内生产总值
国企
国税
国营
国有化
国有经济
国有企业
国有银行
国有资产
国债
国债期货
国债投资
过度包装
过境签证
过目
过热

H

海关总署
海陆空联运
函
行规
行市
行业协会
航程
耗材
耗资
合法权益
合格率
合理避税
合义取利
合营
合资企业
核查
核定
核算
核准
黑市
红筹股
红利
宏观经济
宏观调控
互换
互惠互利
互利
户籍
户头
沪深股市
沪市
沪指
花旗银行
华尔街
划拨
坏账
欢聚一堂
还本付息
还盘
还债
环境保护法
换岗
换股
换货
换证
黄金储备
黄金时段
回报率
回潮
回购
回笼
回暖
回旋
毁约
汇付
汇价
汇票
汇入
汇市
会员俱乐部
豁免
货币供应
货币政策
货单
货到付款
货柜
货款
货物保险
货源
货运代理
货主
获利
获益
获准

J

积压
积攒
基金会
基数
即期汇票
集团公司
集约
计划经济
计价
计件
计件工资
计量
计入
计时工资
计息
记账式国债
技术壁垒
技术标准
技术开发
绩差股
绩效
绩优股
加班工资
加工贸易
加工业
加固
加价
加盟店
加盟商

加息
家族企业
假钞
假账
价差
价格战
价格指数
价目单
价实量足
奸商
坚挺
监察部门
监理
兼并
检察机关
检疫
减产
减除
减缓
减让
减税
简便
鉴证
奖惩
降幅
降水
降税
降息
交叉口
交割

交货
交货价
交税
交易额
交易会
交易量
交易平台
交易日
交易税
交易所
交易中心
焦炭
缴付
缴款
接管
接洽
接替者
结汇
结清
结售汇
结算
结算方式
结余
解约
介绍人
介绍信
借贷
借方
借据
借债

金库
金融环境
金融家
金融市场
金融危机
金融业
金融政策
进出境
进口商
进口税
经纪公司
经纪人
经济法规
经济杠杆
经济共同体
经济开发区
经济区
经济实体
经济损失
经济特区
经济体制
改革
经济危机
经济效益
经济学
经济学家
经济一体化
经济政策
经济制裁
经销

经销处
经销商
经营权
经营者
精加工
景气
净额
净含量
净价
净亏
净利润
净收入
净损
净赚
净资产
竞标
竞价
竞买
竞卖
竞拍
竞投
竞争力
敬辞
救济金
居住环境
举措
举债
举证
巨资
拒付

拒赔
拒签
捐资

K

开标
开仓
开放型经济
开具
开立
开盘
开盘价
开市
开源节流
开证
开证行
看跌
可持续发展
可支配收入
客户群
客商
客源
课税
空仓
空头
空头支票
空位
空运
控股
控股公司
控股权

口岸
扣缴
库存
库房
跨国并购
跨国公司
跨国经营
跨国企业
跨国投资
会计事务所
旷工
框架
亏空
亏欠
捆绑销售

L

来料加工
来样加工
烂摊子
劳动法
劳动关系
劳动合同
劳动争议
劳动仲裁
劳务费
劳务市场
劳务输出
劳资关系
劳资纠纷
离岸价格

理财产品
理财师
理赔
理事会
历练
立案
利弊
利好
利润率
利税
利息税
隶属
连锁经营
连锁企业
联谊会
联营
联运
链接
两讫
两市
量入为出
量身定做
灵感
零部件
零工
零关税
零卖
零批
零售商
零佣金
领略
流动性
流动资金
流水线
流水作业
流通业
龙头
垄断价格
漏税
陆运
录用
旅游购物
履约
绿色食品

M

买断
买方市场
买进
买壳上市
买空卖空
买盘
卖点
卖方市场
卖盘
毛利
毛利润
毛重
贸促会
贸易保护主义
贸易壁垒
贸易法
贸易谈判
贸易战
媒介
美钞
美国联邦储备委员会
美联储
美言
美誉
门店
免检
免缴
免赔
免税
免息
免债
免征
面额
民间借贷
民间资本
民事
民事案件
民营
民营经济
民营企业
民族经济
明细
明细账
谋取
母公司
目标公司
目的港
募集
募资

N

纳斯达克指数
耐用
耐用品
脑力劳动
内包装
内销
内资
逆差
年会
年检
年金
年考
年利
年利率
年收益率
年息
牛市
扭亏
扭亏为盈
纽约证券交易所
农贸市场
农民工
挪用

O

欧盟
欧佩克
欧元区

P

拍卖行
拍卖会
排挤
牌价
盘点
盘活
判定
判决书
抛空
抛盘
抛售
泡沫经济
赔偿金
赔付
赔款
赔礼道歉
配额
配股
配送
批发商
批号
皮包公司
毗邻
疲软
疲弱
骗税
票单
票根
票汇
票据
票面
品牌价值
平安险
平仓
平等互利
评级
凭据
破碎险

Q

期货
期货公司
期货交易
期货市场
期内
齐备
奇货可居
旗舰店
旗下
企划
企业法
企业集团
企业所得税
企业文化
启运

起薪
起运港
契机
契据
契税
洽谈会
签发
签注
签字笔
前列
钱庄
潜能
欠缴
欠税
欠债
抢购
抢修
抢注
切实可行
亲临
轻工业
清仓
清查
清产核资
清偿
清贷
清算
请示
区域经济
趋向

取货
取证
圈钱
权衡
权限
全勤
全球化
全险
全线
券商
券种

R

让价
让利
热销
人才市场
人工成本
人口密度
人力资源
人力资源部
人事部
人事管理
人寿保险
认购
荣升
融通
融资
入不敷出
入股
入世

入市
软着陆

S

三角债
三资企业
散户
丧假
杀跌
商标权
商定
商行
商号
商户
商会
商机
商检
商检局
商界
商品包装
商品检验
商品检验局
商品经济
商洽
商情
商厦
商社
商谈
商务部
商业保险
商业化

商业秘密
商业模式
商业圈
商用
商战
赏识
上班族
上报
上层
上浮
上海证券交易所
上贷
上交所
上缴
上市公司
上税
上证指数
奢侈品
赊
赊销
涉案
涉外
申根
申购
申诉
深交所
深市
深圳证券交易所
审计

审理
审时度势
升幅
升迁
升势
升息
生产过剩
生产力
生产率
生产线
生产资料
胜诉
盛产
剩余价值
失衡
失控
施工环境
石油输出国组织
时效
实报实销
实名制
实盘
实时
实体经济
实业
使用权
示意图
世博会
世界贸易组织

世界银行
世贸
世贸组织
市场份额
市场化
市场调查
市场调研
市场占有率
市场秩序
市场准入
市价
市面
市值
事业部
事由
试销
试运行
适销对路
收费标准
收汇
收盘
收盘价
收讫
收市
收税
收益率
收账
收支平衡
手法
首付

首期付款
首席执行官
寿险
受聘
受损
受托理财
受益人
授标
售货
输送
赎回
赎金
属下
署名
述职
水单
水路
水运
水渍
水渍险
税单
税额
税法
税费改革
税后
税款
税率
税目
税前
税务局
税源
税制
税种
说法
私营经济
私营企业
诉讼法
诉讼费
诉讼时效
随机应变
岁入
损耗
损益
缩减
所得
所得税
所有权
所有人
所有制
所在地
索要

T

抬价
态势
摊派
摊销
探底
逃税
逃债
讨债
套购
套牢
特等
特价商品
特区
特区法
特许
特许经营
特许权
特约商店
特约维修店
提案
提成
提单
提货
提价
提取
体力劳动
体系
体制
条例
条文
条形码
条约
调低
调高
调剂
调价
调节税
调解委员会
调解员
贴息
贴现
听证
停工
停滞
通关
通航
通货
通货紧缩
通货膨胀
通票
通商
通缩
通胀
同比
同城
同业
统筹
统招
偷工减料
偷税
偷税漏税
投保
投保人
投保书
投标
投产
投放
投连险
投资过热
投资环境
投资者
投资组合
涂改
土地出让金
土地使用权
推销员
退保
退汇
退市
退税
吞并
吞吐量
囤积居奇
托管
托收
托运
脱销

W

外包装
外币兑换
外汇储备
外汇管理
外汇交易
外汇理财
外贸经营权
外商
外商投资
企业
外线
外向型经济
外销
外债
外资保险
外资并购
完税
网络营销
网商
网上理财
往来账
危机公关
微观经济
微利
违约方
违约金
维权
尾款
委任
委托代理
委托金
委托人
委托书
文化差异
文化节
斡旋
无息贷款
无形资产
物价补贴
物价指数

X

洗钱
细则
下挫
下放
下浮
下滑
下列
先期
险别
险种
现钞
现代化
现付
现行
现汇
现货
现价
现款
现买现卖
现钱
限定价格
限额
限价
限期
限时折扣
限售
乡镇企业
享用
消费结构
消费品
消费税
消费信贷
消费者权益
消费者协会
消协
销假
销路
销售额
销售量
销账
小额
小额贷款
效劳
效能
卸货
谢意
新低
新老客户
新闻发布会
薪金
薪资
信函
信汇
信托
信托投资公司
信托业
信息产业
信用保险
信用记录
信用评级
信用体系
信用证
兴办
兴隆
兴盛
行贿
行销
行政审批
行政许可
熊市
休市
须知
需求量
许诺
续保
续订
续约
削价
削减
询价
询盘

Y

压价
延期付款
延期交货
延时
研讨会
厌倦
验货
央行
仰慕
邀集
要点
要价
要素
业界
业务经理
业务员
一级市场
一毛不拔
一切险
一体化
一饮而尽
一掷千金
遗失
以旧换新
议案
议定书
议价
异地
易货贸易
意外事故
意向书
银根
银行家
银行业
银监会
寅吃卯粮
引资
隐患
印花税
印制
盈亏
盈余
营商
营销
营销部
营业部
营业额
营业税
营业员
营业执照
赢利
应诉
硬通货
佣金
佣金率
拥堵
涌现
优化配置
优惠政策
优质价优
友邦
友好合作
有价证券
有息贷款
有限责任公司
有形资产
逾期
舆论
与会
预付
预付款
预购
预估
预缴
预警
预留
预支
原产地
原告
原文
原油
原油期货
圆桌
援助
远景
远期信用证
院校
约见
约请
孕育
运单
运费
运价
运输业
酝酿

Z

杂费
杂货
杂质
灾害性
再就业
载重
早盘
责令
责任感
责任心
责任制
增幅
增量
增收节支
增速
增值服务
增值税
增至
增资
赠品促销
债权
债权人
债券
债市
债务人
债务重组
债主
债转股
展品
展期
展望
展销
占地面积
占股
占有率
战争险
章程
涨幅
涨落
涨势
账面
账务
招股
招徕
招商
招商引资
召回
照旧
照例
折价
折旧
折算
振荡
振兴
征地
征购
征税
征询
正本
正比
证监会
证券
证券交易所
证券经纪人
政府采购
支付平台
支柱产业
知己知彼
知名度
知识产权
直销
职权
职业经理人
纸板
纸质
指导价格
指控
指针
制裁
制成品
制造商
制造业
制作费
质感
质检
质检部门
质量抽查
质量检测
滞纳金
滞销
置换
中国国际贸易促进委员会
中国银行业监督管理委员会
中国证券监督管理委员会
中间商
中外合资企业
中央银行
中央政府
中游
终裁
终端
终审
中标
仲裁法
仲裁书
仲裁条款
仲裁协议
仲裁员
重工业
重合同，守信用
周转
周转资金
主管部门
主流
主业
住房贷款
注册商标
注册师
注册资本
注册资金
注明
注销
注资
著作权
专款
专栏
专利保护
专利法
专利权
专利人
专卖权
专线
专业户
专营
专用道
专有
转板
转包
转产
转存
转股改制
转轨
转嫁
转口贸易
转卖
转售
转型
转运
转运中心
庄家
装配
装箱单
装卸
装运
追查
追加
追缴
追债
准备金
准入
酌情
咨询费
资本结构
资本金
资本输出
资本运营
资本运作
资不抵债
资产负债率
资产净值
资产评估
资产重组
资费
资费标准

资格证书
资深
资信
资信调查
资质
自负盈亏
自给自足
自然人
自然资源
自我评价
自销
自由兑换
自由港
自由贸易
自由贸易区
自由品牌
自由市场
自主开发
自主研发
自助银行
宗旨
棕榈油
总部经济
总产量
总产值
总代理
总管
总行
总价
总经销
总务
总值
总资产
走低
走高
走势
走向
租借
租期
租用
租约
足额
最惠国待遇
最终解释权
作价
座次
座谈
做工